발표와 토론을 위한 화법 연습

Speaking Practice for Presentation and Debate

발표와 토론을 위한 화법 연습

초판 1쇄 발행 2023년 08월 16일

지은이 유홍주
펴낸이 장현수
펴낸곳 메이킹북스
출판등록 제 2019-000010호

디자인 최미영
편집 최미영
교정 안지은
마케팅 강인영

주소 서울특별시 구로구 경인로 661, 핀포인트타워 912-914호
전화 02-2135-5086
팩스 02-2135-5087
이메일 making_books@naver.com
홈페이지 www.makingbooks.co.kr

ISBN 979-11-6791-416-3(03700)
값 14,000원

ⓒ 유홍주 2023 Printed in Korea

잘못된 책은 구입하신 곳에서 바꾸어 드립니다.
이 책의 전부 또는 일부 내용을 재사용하려면 사전에 저작권자와 펴낸곳의 동의를 받아야 합니다.

홈페이지 바로가기

메이킹북스는 저자님의 소중한 투고 원고를 기다립니다.
출간에 대한 관심이 있으신 분은 making_books@naver.com로 보내 주세요.

Speaking Practice for

Presentation and Debate

발표와 토론을 위한 화법 연습

유홍주 지음

메이킹북스

차례

머리말　　　　　　　　　　　　　　　　　006

Ⅰ. 효과적인 의사소통을 위하여

1. 말을 잘하는 사람은 어떤 사람인가?　　　014
2. 관계를 위한 말하기　　　　　　　　　　015
3. 공감적 듣기　　　　　　　　　　　　　016
4. 내용이 있는 말하기　　　　　　　　　　017

Ⅱ. 일상화법

1. 가족 사이의 대화　　　　　　　　　　　023
2. 남녀 사이의 대화　　　　　　　　　　　027
3. 강의실에서의 대화　　　　　　　　　　032

III. 프레젠테이션

1. 프레젠테이션의 개념 　　　　　　　　　　041
2. 프레젠테이션의 준비 과정 　　　　　　　043
3. 프레젠테이션의 실제 　　　　　　　　　049

IV. 토의

1. 토의의 개념과 종류 　　　　　　　　　　059
2. 토의의 준비 과정 　　　　　　　　　　　062
3. 토의의 실제 　　　　　　　　　　　　　064

V. 토론

1. 토론의 개념 　　　　　　　　　　　　　071
2. 토론의 준비 과정 　　　　　　　　　　　074
3. 토론의 실제 　　　　　　　　　　　　　082
4. 토론 참여자의 역할 　　　　　　　　　　089

머리말

　우리가 단 하루라도 말을 하지 않고 살아갈 수 있을까? 무인도에서 혼자 살지 않는 한, 사회생활을 하는 우리는 자신의 생각과 감정을 전달하기 위하여 또는 정보를 전달하기 위하여 매일 말을 한다. 언어적 요소와 비언어적 요소를 활용하여 날마다 다른 사람들과 의사소통을 하는 과정에서 우리는 의사소통의 어려움을 경험한다. 그러한 경험들이 누적되다 보면 자신이 하고 싶은 말을 다른 사람들에게 정확하게 전달할 수 있는 능력이 있는 사람을 부러워하기도 한다. 그래서 말을 잘하는 사람은 어떠한 조직 사회에서든 선망의 대상이 된다. 그러한 이유에서 우리는 말을 잘하고 싶고, 말을 잘하는 사람을 부러워하며 그들이 말하는 방식을 유심히 관찰해 보기도 하면서, 말을 잘하기 위해서 혼자서 연습을 하기도 한다.

　그런데 말을 잘한다는 의미는 무엇일까? 아마도 이에 대해 대부분의 사람들은 다른 사람들 앞에서 자신이 하고 싶은 이야기를 막힘 없이 유려하게 전달하는 상태를 떠올릴 것이다. 그리고 여기에 더하여 듣는 사람의 마음을 움직이도록 말하는 방식도 생각해볼 수 있을 것이다. 그러나 달변가가 아닌 사람의 말도 말하는 사람의 진심을 전달할 수 있다면 상대의 마음에 감동을 전할 수 있다. 이러한 말하기 방식도 말을 잘한다는 범주에 포함시킬 수 있을 것이다. 당신이 어떠한 의사소통의 방식을 말을 잘한다고 생각하는지에 따라 추구하는 말하기 방식도 달라질 것이다.

하지만 말을 잘하는 것보다 먼저 익혀야 하는 활동이 있다. 말하기는 듣는 사람을 전제로 하는 의사소통 활동이다. 그러므로 말하기는 언제나 듣는 사람을 배려해야 한다. 아는 것이 많고, 보고 들은 것이 많다고 하더라도 혼자서만 말을 하는 것이 아니라 언제나 듣는 사람의 마음을 이해하고 존중하면서 말하는 것이 중요하다. 의사소통은 다른 사람과의 관계에서 이루어지는 활동이기 때문이다.

우리는 전통적으로 자기 표현을 말로 정확하게 하는 것을 장려하지 않았다. 적극적인 자기표현 대신 다른 사람들, 특히 나이가 많은 사람과 지위가 높은 사람의 말과 생각을 잘 듣기를 강조했다. 그들의 말을 들으면서 하고 싶은 말이 생기면 몇 번을 생각한 다음 혹시 그들의 심기를 불편하게 하지 않을까 염려하며 조심스럽게 자신의 생각을 이야기했다.

속담이나 격언에도 이러한 정황이 그대로 드러난다. 말하기를 강조하는 표현으로는 "천 냥 빚도 말 한 마디로 갚는다"라는 속담이 있지만 대부분의 속담과 격언은 역시 말하기를 권장하지 않는다. 말을 할 때는 신중하게 하는 것이 좋고 그것보다는 오히려 말하지 않고 참기를 미덕으로 생각한다. 그러한 예로는 "말이 씨가 된다", "낮말은 새가 듣고 밤말은 쥐가 듣는다", "발 없는 말이 천 리 간다", "가루는 칠수록 고와지고, 말은 할수록 거칠어진다", "화살은 쏘고 주워도, 말은 하고 못 줍는다", "혀 아래 도끼 들었다" 등이 있다.

그런데 이러한 상황은 꼭 우리만 그런 것은 아니었다. 서양의 속담에도 말하기를 경계하는 것이 많이 있다. "오늘 생각하고 내일 말해라", "말하기 전에 두 번 생각해라", "벽에도 귀가 있다" 등의 말은 역시나 신중하게 말하기를 강조하고 있다.

그러나 이제 시대가 달라졌다. 하고 싶은 말이 있어도 꾹꾹 눌러 참는 것은 더 이상 미덕이 아니다. 자기 자신을 적극적으로 알리는 시대가 되었다. 자신의 장점과 강점을 잘 포장하여 누구에게든 알리고 싶어 한다. 개인 SNS가 활성화되고 팔로워 숫자가 경제적 이득과 직결되는 현상도 나타나면서 예전보다 더욱 많은 사람들이 자신을 알리고 싶어 하고, 나아가 자신을 상업적인 목적으로 광고까지 하고 싶어 한다.

 그러면 자신을 알리는 방법들 중의 하나이면서 다른 사람들에게 좋은 인상을 줄 수 있는 말하기에 대해 생각해보자. 말하기는 크게 나누어 일상적인 말하기와 공식적인 말하기로 나눌 수 있다. 흔히 '말을 잘하고 싶다'고 이야기할 때 염두에 둔 것은 공식적인 말하기일 터이지만 효과적이고 좋은 일상적인 말하기의 바탕이 다져지지 않으면 공식적인 말하기를 잘하기는 어려울 것이다. 그러므로 이 책에서는 먼저 효과적인 의사소통을 위한 말하기를 연습하기 위해 효과적인 의사소통이란 무엇인가에 대해 살펴보고, 몇 가지 일상화법에서 바람직한 대화의 방법을 고려해 보았다. 그런 다음 공식적인 말하기 활동이라고 할 수 있는 프레젠테이션, 토의 그리고 토론에 대해서 알아보자. 강의실에서 실제로 프레젠테이션과 토의, 토론이 이루어진다고 가정하고 그 과정에서 필요한 단계의 활동들이 무엇인지 알아보고 이론을 적용한 실습도 이루어지기를 기대한다.

 일상화법과 공식화법 모두에서 의사소통을 잘하는 성숙한 사람이 되기 위해서 알아야 할 것이 무엇인지 하나씩 살펴보자.

Ⅰ. 효과적인 의사소통을 위하여

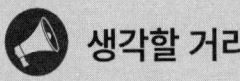 **생각할 거리**

다수의 청중 앞에서 공식적인 말하기를 할 때는 누구나 어려움을 느낀다. 자신의 말하기 경험을 생각해보고 다음에 답해 보자.

1. 사람들 앞에서 말하는 것에 어려움을 느끼는가? 그렇다면, 혹은 그렇지 않다면 그 이유는 무엇인가?

2. 화자로서 자신의 장점은 무엇인가?

3. 화자로서 자신의 단점은 무엇인가?

4. 자신의 기준에 말을 잘하는 사람은 누구인가? 그 사람의 말하기 특징은 무엇인가?

우리 사회는 전통적으로 자기표현으로서의 말하기를 중요하게 여기지 않은 것 같다. "말 한마디로 천 냥 빚을 갚는다"는 속담은 말하기의 긍정적인 면을 알려주는 것인데, 이 속담 이외에 말과 관련된 속담이나 격언의 대부분은 말을 신중하게 하기를 강조하는 것들이다. 몇 가지 예를 들어보면, "낮말은 새가 듣고 밤말은 쥐가 듣는다", "발 없는 말이 천리 간다", "화살은 쏘고 주워도 말은 하고 못 줍는다", "혀 아래 도끼 들었다" 등은 말을 조심해서 하라는 이야기를 비유적으로 표현한 것이다. 그 외에도, "말이 많으면 쓸 말이 적다", "가루는 칠수록 고와지지만 말은 할수록 거칠어진다"와 같은 것은 꼭 필요한 말만 하라고 이야기한다.

그런데 이보다 더한 것으로 "침묵은 금이다"라는 격언도 있다. 널리 알려진 속담과 격언 몇 개만 살펴보아도 말은 되도록 많이 하지 말 것이며, 말을 해야 할 경우에는 아주 신중하게 고심해서 해야 하고, 가장 좋은 것은 아예 말을 하지 않는 것이다.

그러나 현대 사회는 말을 조심해서 해야 한다는 과거의 분위기와는 현저하게 달라졌다. 소통을 강조하는 사회에서 개인과 개인 사이는 물론이고 집단과 집단, 개인과 집단 간의 의사소통의 문제가 더욱 중요하게 되었다. 또한 자신이 하고 싶은 말을 다른 사람들에게 전달할 수 있는 다양한 통로도 마련되었다. 미디어의 발달로 개인도 자신의 채널을 갖고 우리 사회의 정치, 경제, 사회, 문화 등의 여러 문제에 대해 자신의 견해를 명확하게 드러내고 있다. 이제는 효과적인 의사소통을 위한 방법을 고민해야 한다.

1. 말을 잘하는 사람은 어떤 사람인가?

　말을 잘하는 사람은 어떤 사람인가에 대한 답을 찾기 전에 자신이 생각하는 말 잘하는 사람이 누구인지 생각해보자. 강의실에서 이 질문을 한 후 생각할 시간을 주고 학생들의 대답을 들어보면 가장 많이 이야기되는 사람들이 텔레비전에 자주 등장하는 인기 개그맨들이다. 그 사람들이 우리에게 노출 빈도가 높은 사람들이어서이기도 하겠지만 학생들의 마음속에는 재미있게 말하는 사람이 말을 잘하는 사람이라는 인식이 강한 듯하다. 대화의 분위기를 부드럽게 만들면서 이목을 집중시킬 수 있는 좋은 방법이 유머러스하게 말하는 것이다. 그러한 화법은 말하기 난처한 주제나 어색한 상황에서도 사람들의 긴장감을 해소하여 일시에 마음의 벽을 무너뜨림으로써 대화에 편안하면서도 적극적으로 참여할 수 있게 만들어주기 때문이다.

　말을 잘하는 사람으로 자신이 떠올린 사람이 누구인지를 생각해보면 자신이 지향하는 말하기 방식을 자연스럽게 연결지어볼 수 있다. 재미있게 말하고 싶은 사람은 재미있게 말하는 사람을 말 잘하는 사람으로 선정하고, 자신의 지향점에 따라 논리적으로 말하는 사람 또는 누구나 쉽게 이해할 수 있도록 말하는 사람이 되기도 하고, 자신만의 멋진 표현을 사용하여 말하는 사람이 말을 잘하는 사람이 되기도 한다.

　그런데 말을 한다는 것은 언제나 듣는 사람이 있다는 것을 전제로 하는 행위이다. 듣는 사람이 없이 말하는 것은 혼자 말하기인데, 이것은 의사소통의 활동에서는 예외적인 상황이다. 우리가 말을 할 때는 언제나 듣는 사람이 있다. 그러므로 말을 잘하는 사람은 듣는 사람이 누구인지에 따라 상대의 처지와 입장을 고려하면서 말하는 사람이다. 의사소통은 혼자서는 계속해서 할 수 없는, 말하는 사람과 듣는 사람 사이의 상호적인 활동이기 때문이다. 그렇다면 말하는 사람은 듣는 사람을 어떻게 생각하고, 어떻게 대해야 할까?

2. 관계를 위한 말하기

　말하는 사람(화자)은 듣는 사람(청자)을 배려해야 한다. 우리가 의사소통을 하는 상황을 생각해보면 거의 대부분의 경우는 이미 우리가 알고 있는 친숙한 사람들과 하는 대화이다. 간혹 처음 보는 사람들과도 의사소통을 하지만 처음 보는 사람과의 대화는 길게 이어지지 않고, 서로 어색하지 않은 분위기를 만들기 위해 말하는 경우가 대부분이다. 의사소통 행위는 만남의 빈도나 관계의 깊이에 비례하여 이루어지기 때문이다.

　그렇다면 우리가 지속적으로 만남을 유지해야 하는 관계 속에서 다른 사람들과 의사소통을 하는 경우에는 상대의 마음을 다치게 하지 않도록 배려하면서 말하는 것이 중요하다. 의사소통의 상황에서는 말하는 사람과 듣는 사람의 관계를 고려해야 한다. 특히 상대의 잘못을 지적하거나 충고를 해야 하는 경우에는 말하는 사람의 입장에서 자신의 감정에 충실해서 상대의 잘못을 지적한다면 듣는 사람은 마음의 상처를 입게 될 것이다. 심한 질책을 당하거나 충고를 듣고 난 이후, 말하는 사람과 듣는 사람의 관계가 아무 이상 없이 이전처럼 지속될 수 있을까?

　우리가 좋은 관계를 유지하지 못하게 되는 경우 중에는 말실수에서 비롯되는 경우가 많다. 내용의 정확한 전달도 중요하지만 사람들 사이의 관계를 고려하며 상대의 마음을 다치지 않도록 하고, 지속된 관계를 깨뜨리지 않도록 말을 하는 것이 중요하다. 몸에 난 상처보다 마음에 생긴 상처를 치유하는 것이 더 어렵다는 말을 꼭 기억하자.

3. 공감적 듣기

　자신이 알고 있는 사람들 중에서 다른 사람의 말을 잘 들어주는 사람이 누구인지 생각해보자. 나의 고민을 털어놓고 편한 마음으로 이야기를 하고 싶은 사람이 있다면 나는 왜 다른 사람들보다 그 사람에게 먼저 말을 하고 싶은지 생각해보자. 분명 내 말을 잘 들어주는 사람이기 때문일 것이다. 우리는 자신의 말을 잘 들어주는 사람에게 이야기를 하고 싶고, 자신의 고민도 말하고 싶어 한다.

　말을 잘하기 위해서는 먼저 다른 사람의 말을 잘 들어야 한다. 의사소통은 혼자서 할 수 있는 활동이 아니다. 최소한 두 명 이상이 말을 주고받을 때 의사소통이 이루어지는데, 상대의 말에 적절하게 반응을 하기 위해서는 잘 듣지 않으면 적절한 답을 하기 어렵다.

　다른 사람의 말을 들을 때는 분석적 듣기, 대화적 듣기, 공감적 듣기의 방법이 있다. 그중 공감적 듣기는 상대를 깊이 있게 이해하기 위한 듣기 방법이다. 듣는 사람이 상대방의 입장에서 이해하려고 노력하고 있다는 것을 보여주면 상대도 신뢰와 친밀감을 가질 수 있다.

　우리는 다른 사람에게 이해받고, 인정받고 싶어 한다. 자신의 말을 잘 들어주는 것만으로도 친밀감을 갖고 이야기를 하게 되는데, 공감적 듣기는 듣기 활동 중에 자신의 주관적 견해를 표현하며 상대의 말을 끊지 않고 상대의 말에 관심을 보이며 화자가 계속 이야기를 할 수 있도록 격려해주면서 듣는 것이다. 그러한 과정에서 청자는 화자가 스스로 객관적인 관점에서 문제에 접근할 수 있도록 화자의 말을 정리해주는 것이 좋다. 청자는 화자의 말에 눈과 귀를 함께 집중하여 들어주고, 화자가 충분히 자신의 이야기를 할 수 있도록 격려해주는 것도 필요하다.

4. 내용이 있는 말하기

우리가 다른 사람의 말을 들을 때 집중해서 듣게 되는 경우는 내게 필요한 어떤 정보나 지식을 갖고 있는 사람의 이야기이다. 그런 사람의 말을 들을 때는 그 사람의 말하기 방식이 달변이 아니라도 잘 듣기 위해 노력하게 된다.

세계적인 물리학자인 스티븐 호킹은 루게릭병으로 말을 하지 못하고 휠체어에 달린 고성능 음성합성기로 대화를 해야 했다. 그러나 많은 사람들이 그의 강연을 듣고 싶어 했다. 그 이유는 그가 말하는 내용이 들을 가치가 있는 중요한 내용이기 때문이었다.

다른 사람들이 들을 만한 이야기를 하려면 우선 아는 것이 많아야 한다. 그리고 그러한 것을 논리 정연하게 전달할 수 있어야 한다. 자신들의 전문 분야를 짧은 시간 안에 정리해서 대중에게 강연하는 프로그램이 인기를 끈 적이 있다. 주변에서 쉽게 만날 수 없는 각 분야의 전문가들이 대중의 지적 호기심을 충족시켜주었던 것이 그 프로그램의 인기 요인이었을 것이다. 그리고 우리는 모두 내용이 있는 이야기를 듣고 싶어 한다는 열망의 표현으로 볼 수도 있다. 그러니 내가 하는 이야기에도 다른 사람들이 들을 만한 내용이 있어야 한다.

그리고 들을 만한 내용을 따뜻한 시선으로 전달해야 한다. 달변이 아니어도, 유명한 사람이 아니어도 인생의 힘겨운 고비를 몇 차례 맞이해 그것을 이겨낸 사람들이 들려주는 말들은 내용에 날이 서 있지 않으며 세상을 바라보는 시선이 따뜻한 경우가 많다. 진심에서 우러나오는 따뜻한 시선의 이야기는 언제나 우리를 감동시킨다. 우리가 하는 이야기가 내용이 알차면서 세상을 향한 따뜻한 마음이 느껴졌으면 한다.

Ⅱ. 일상 화법

공적인 말하기에 대해 알아보기 전에, 공적인 말하기보다 훨씬 더 빈번하게 이루어지는 일상에서의 말하기 방식을 점검해 보고 바람직한 대화의 방법을 생각해보자. 일상 화법은 친밀한 관계에서 이루어지는 대화가 대부분인데, 그러한 대화에서 염두에 두어야 할 것은 지속적인 '관계'이다.

1. 가족 사이의 대화

 생각할 거리

자신이 가족과 어떻게 대화하고 있는지 생각해 보자. 자신의 대화 방식이 효과적인지 생각해 보자.

1. 나는 가족의 역할과 입장을 이해하고 있는가?

2. 나는 가족에게 자신의 생각과 느낌 혹은 부탁이나 요구를 어떻게 표현하는가?

3. 가족 내에서 나의 역할과 책임은 무엇인가?

4. 최근 있었던 가족 간의 갈등을 어떤 방식으로 해결했는가?

5. 가족에게 고마움을 느꼈을 때, 그것을 어떻게 표현했는가?

1) 가족 대화의 특징

부부와 그들의 자녀로 이루어진 가족은 다른 어떤 관계보다 가장 친밀한 사람들 사이의 관계이다. 가족 구성원들 모두가 그러한 사실을 입 밖으로 꺼내어 말하지는 않지만 서로가 가장 편안하게 꾸미지 않고 자신의 감정을 그대로 드러내어 말하는 것으로 끈끈한 친밀함을 표현하는 경향이 있다. 그러다 보니 때로는 가족들 사이에 대화가 어려운 경우가 있다. 아무 생각 없이 '내 생각과 감정'이 다른 가족 구성원들보다 우선시되기 때문이다. 우리는 집 밖을 벗어나면 언제나 다른 사람이 있다는 것을 의식하며 다른 사람의 기분과 감정을 살펴가며 조심스럽게 대화를 하다가도 현관문을 들어서는 순간 자연스럽게 사회적인 나를 벗어던진다. 그리고 밖에서 사람들 사이에서 힘들었던 자신을 가족 구성원들이 이해해주기를 바라게 되고, 가족이라면 당연히 그렇게 해야 한다고 여긴다. 그러나 친밀한 관계일수록 상대를 배려하는 말하기가 필요하다.

2) 바람직한 가족 대화의 방법

사람들 사이의 대화에서 가장 먼저 생각해야 할 것은 관계이다. 곧 관계의 지속성이다. 좋은 관계를 오래 유지하기 위해 대화 내용이 약간 유쾌하지 않은 경우이더라도 자신의 감정을 순간적으로 그대로 드러내어 상대의 마음에 상처를 주는 것은 좋지 않다. 그러한 상처가 쌓이다 보면 아무리 친밀한 관계일지라도 결코 좋은 관계를 유지하기 어렵게 된다. 대화 상대를 아주 잘 알고 친하다는 이유로 자신의 감정을 지나치게 솔직하게 표현하거나 상대를 비하하듯 놀리는 말투는 피해야 한다.

'나 전달법'은 대화 상대에게 화살을 돌리지 않는 좋은 대화 방법으로, 갈등을 피할 수 있는 대화 방법 중 하나이다. '나 전달법'은 상대의 말이나 행동에 의해 '나'의 생각과 감정이 어떠한 영향을 받았다는 식으로 표현하는 방법이다. 예를 들어 "야, 너는 무슨 말을 그런 식으로 하는 거야? 이건 너 때문에 이렇게 됐잖아"라고 말하는 대신 "나는 네가 한 말을 듣고 도무지 이해가 되지 않아서 답답했어. 그럼, 내가 어떻게 했으면 좋겠어?"라고 말하는 것처럼, 주어 '나'를 넣어서 말하는 방식이다. 가족 간의 대화에서도 '나 전달법'을 사용해서 이야기를 해보자. '나 전달법'은 가족 간의 대화에서만이 아니라 남녀 사이의 대화와 그 이외의 대화에서도 유용한 대화 방법이다.

간혹 가족이니까 자신이 말하지 않더라도 자신의 감정이나 행동 그리고 말투를 아주 잘 이해해줄 것이라고 생각하게 되는 경향이 있다. 그러나 우리가 알아야 할 것은 자신이 말하지 않으면 누구도 내 생각과 감정을 알 수 없다는 것이다. 그러니 가족이라는 이유로 자신의 무례한 말투와 행동에 대해 무한한 이해와 포용을 기대하지 않아야 한다.

이제 다음의 예문을 바람직한 대화로 바꾸는 연습을 해보자.

① 가: 학교 늦겠다. 빨리 일어나라.

　나: 제발 놔둬. 너무 피곤하니까 건드리지 말라고.

→ 가:
　나:

② 가: 밖에서 무슨 일 있었어? 안색이 어둡네. 고민 있어?

　나: 없어. 언제부터 나한테 관심 있었다고 그래?

→ 가:

　나:

③ 가: 영호야, 다음 주말에 가족여행 갈 예정인데 같이 갈 거지?

　나: 아니. 나 바빠.

→ 가:

　나:

④ 가: 영희야, 제발 방 좀 치워라. 꼭 돼지우리 같다.

　나: 그렇게 보기 싫으면 엄마가 치워주든지, 나는 괜찮은데 뭘.

→ 가:

　나:

⑤ 가: 너는 뭐가 되려고 맨날 휴대폰만 쳐다보고 있냐, 공부는 언제 하냐?

　나: 신경 꺼. 뭐라도 되겠지. 내 일은 내가 알아서 해.

→ 가:

　나:

2. 남녀 사이의 대화

 생각할 거리

남성과 여성은 대화하는 목적이나 대화 방식이 다르다. 이 때문에 남성과 여성 사이의 대화는 동성 간의 대화보다 어렵다고 느낀다. 자신의 경험을 생각해보고 다음의 질문에 답해 보자.

1. 이성 간의 대화를 편하게 생각하는가? 만일 그렇다면, 혹은 그렇지 않다면 그 이유는 무엇인가?

2. 이성 간의 대화에서 당황했던 경험이 있는가? 어떤 경우에 그랬는가?

3. 이성에게 어떤 대화 상대라는 평가를 받고 싶은가?

4. 이성과의 대화에서 주의할 점은 무엇인가?

1) 남녀 대화의 특징

　남녀가 서로 상대에 대해 지대한 관심을 가지고 있을 때는 상대를 이해하고 지지해주고 싶은 마음이 크다. 그래서 어떠한 말과 행동을 하더라도, 대개는 좋은 의미로 해석을 하고 상대를 적극적으로 이해해주려고 한다. 설혹 대화에 어떠한 오해가 발생하게 된 경우에도 상대를 생각하는 마음에 먼저 용서를 빌며 화해를 청하는 것이 일반적이다. 그래서 대화로 인해 만들어진 불편한 상태가 그리 오래가지 않는 편이다. 그렇지만 남녀 사이의 타오르는 불꽃이 무엇이라도 순식간에 태워버릴 수 있는 상태가 지난 다음에는 상대의 말을 귀담아 듣지 않게 되는 경우가 생긴다. 그러다 보면 사소한 다툼이 벌어지게 되고 두 사람의 사이도 이전 같지 않게 될 수 있다.

　남녀 사이의 대화 특징에 대해 명쾌하게 설명한 책으로 존 그레이(John Gray)의 『화성에서 온 남자, 금성에서 온 여자』가 있다. 이 책에서는 남성과 여성의 대화 방식에는 근본적인 차이가 있으므로 그것을 이유로 서로를 비난하려고 하지 말고 차이를 받아들이고 이해하려고 노력해야 한다는 조언을 한다. 『화성에서 온 남자, 금성에서 온 여자』는 책 제목처럼 화성 출신인 남성과 금성 출신인 여성이 만나서 한 행성에서 지내려면 은하계의 화성과 금성의 거리만큼이나 차이가 있겠거니 하고 서로의 다름을 인정하라는 것이 핵심이다.

　저자인 존 그레이에 의하면, 대체적으로 남성은 이성적이고 논리적인 방식의 말하기를 선호하며 여성은 감성적인 방식의 말하기를 선호한다고 한다. 그래서 남녀가 대화를 하다 보면 가끔은 그러한 대화 방식의 차이로 감정을 상하게 될 수 있다. 가령 여성이 남자 친구나 남편에게 자신의 직장에서 상사와 가벼운 언쟁이 있었다는 이야기를 하는 경우를 가정해보자. 이러한 경우 여성이 남자 친구나 남편에게 그러한 이야기를 한 이유는 자신에게 어떠한 일이 있었는지 알림과 동시에 자신의 편이라고 믿고 있는 사람에게 위로받고 감정적 지지를 얻으려는 것이다. 그런데 남성의 경우에는 여성의 이야기를 듣고 옳고 그름을 정확하게 판단하여 그 일에서는 당신이 잘못했다거나 그럴 때는 어떻게 행동하는 것이 좋다는 등의 그럴듯한 조언을 하려고 한다. 그 대화의 결과는 여성이 남성의 조언이나 충고를 잘 받아들이지 못하고 둘 사이에 다툼이 벌어지거나 화기애애한 분위기를 망쳐버리게 될 것이다.

또한 남성과 여성의 대화에서 사소한 잘못을 지적하는 경우에 남성은 현재의 사건에 대해서만 잘못된 것을 언급하는 반면 여성은 현재의 잘못을 지적하는 것으로 시작하여 현재의 잘못과 유사한 과거의 사건들을 연속적으로 꺼내어 같이 이야기하는 경향이 있다. 상대의 실수를 지적해야 할 경우, 그러한 이야기를 해서 상대의 감정을 상하게 하는 것이 대화의 목적인지 또는 상대가 그러한 실수를 되풀이하지 않도록 일깨워주는 것이 목적인지를 생각해야 한다.

2) 바람직한 남녀 대화의 방법

남성과 여성의 대화에서는 서로를 배려하고 존중하며 말하는 것이 중요하다. 친밀한 관계라고 해서 당연히 이해해줄 것으로 생각하고 서로를 비하하는 표현을 사용하거나 지나치게 함부로 말하는 것을 경계해야 한다. 보이지 않는 적절한 선을 지키면서 대화를 하는 것이 좋다. 남녀 사이의 대화에서도 '나 전달법'을 활용하는 것이 좋다. 대화의 여러 가지 목적들 중 제일 먼저 고려해야 할 것은 좋은 관계의 유지에 있다. 상대의 상처나 자존심을 건드리는 잘못된 말 한마디가 관계의 단절을 가져올 수도 있음을 잊지 않아야 한다.

그러면 다음의 예문을 바람직한 대화로 바꾸는 연습을 해보자.

① 가: 난 된장찌개 먹을래.

　나: 된장찌개도 좋긴 한데…… 여기, 생선찌개도 잘하는 거 알아?

　가: 제발 이래라 저래라 안 할 수 없어?

　나: 내가 언제 이래라 저래라 했는데?

→ 가:

　나:

② 가: 오늘 진짜 피곤하다. 아침부터 몸살 기운이 있었는데 하루 종일 일이 많아서 쉴 틈이 없었어. 목소리도 좀 이상한 것 같지 않아?

　나: (휴대폰을 보면서) 그래? 빨리 약 사 먹어.

　가: 이야, 나는 왜 말을 꺼내서 저런 얘기나 듣는지 원.

　나: 아니, 왜 그래? 몸이 안 좋다니까 약 사 먹으라고 한 건데.

　가: 정말 말이 안 통하네. 답답하다.

→ 가:

　나:

③ 가: 자기야, 나 오늘 바뀐 거 없는 것 같아?

　나: 글쎄…… 다른 때보다 예뻐 보이기는 하는데, 너야 뭘 해도 예쁘니까.

　가: 그러니까, 뭐가 달라진 것 같은데?

나: 음...... 좀 어려운데, 그냥 말해주면 안 돼?

→ 가:

　나:

④ 가: 나, 오늘 내 친구 ○○랑 싸웠어. 조별 과제에서 자기가 제일 편한 것을 하겠다고 하기에 싫은 소리를 좀 했더니 ○○가 기분이 상했나 봐.

　나: ○○는 그럴 사람 아닌 것 같은데, 네가 기분 나쁘게 말한 것 아니야?

　가: 뭐라고? 너는 어떻게 나한테 그렇게 말하냐?

　나: 그러면 그런 얘기를 나한테 왜 했는데?

→ 가:

　나:

⑤ 가: 자기야, 나 오늘 어때? 머리 새로 파마했는데.

　나: 우와, 정말 예쁘다. 눈이 부실 정도야.

　가: 진짜? 고마워. 그럼 나랑 배우 ○○○랑, 누가 더 예뻐?

　나: 비교할 걸 비교해야지. 너는 눈이 없냐? 당연히 ○○○지.

→ 가:

　나:

3. 강의실에서의 대화

 생각할 거리

강의실에서 이루어지는 대화에 참여해 본 적이 있는가? 강의를 듣고 질문을 하거나 강의 후에 따로 교수님께 이야기를 청해 본 적이 있는가?

1. 강의실에서 교수님께 질문하는 것이 편한가? 만일 그렇다면 혹은 그렇지 않다면 그 이유는 무엇인가?

2. 교수님께 질문을 하고 싶었지만 다른 학생들을 신경 쓰느라 못한 적이 있는가? 그 이유는 무엇인가?

3. 강의와 관련된 사항으로 교수님께 전화를 한 적이 있는가? 전화통화가 끝난 후 어떤 생각을 했는가?

4. 강의와 관련된 사항으로 교수님께 문자, 혹은 메일을 보낸 적이 있는가? 처음 시작을 어떤 말로 했는가?

5. 교수님께 불만스러운 점을 이야기한 적이 있는가? 무엇 때문이었는가?

1) 강의실에서의 대화

강의실에서 이루어지는 대화는 다른 형태의 대화에 비해 그리 다양하지 않다. 토론식 강의가 아니라면 일반적으로는 대부분 교수가 강의 내용을 혼자서 이야기한 후 강의가 끝날 때쯤 학생들에게 질문이 있느냐고 묻는다. 그러나 질의응답이 오가는 경우는 극히 드물다. 몇 초 동안의 어색한 침묵 후, "질문이 없으면 여기서 강의를 마치겠다"는 말로 강의가 마무리 되는 경우가 많다. 혹시나 강의 내용에 궁금한 것이 있는 학생이 있더라도, 자신이 질문을 하게 되면 다른 학생들에게 질문 때문에 강의가 늦게 끝나게 되었다는 원성을 들을까 염려하여 강의 시간 내에는 질문을 하지 않는다.

강의 내용에 궁금한 것이 있는 학생은 강의가 끝난 후, 교수가 교탁 위의 물건을 주섬주섬 챙기고 있을 때 앞으로 나와서 질문을 하는 경우가 대부분이다. 그러니 강의실에서의 대화라기보다는 강의 후의 대화라고 하는 것이 더욱 적절한 표현일지도 모르겠다. 강의 후에 앞으로 나와서 질문하는 학생들은 대개 조심스러우면서도 예의 바르게 궁금한 내용을 질문한다. 그러나 강의 내용과 관련된 핵심적인 질문을 하는 경우는 극히 드물고 강의가 끝난 후 교수에게 말을 하고 싶어 하는 학생들은 대부분 출석 확인을 위해서이다.

강의 후의 대화가 활성화되는 경우는 종강 후에 성적 문의를 할 때이다. 많은 학생들은 온라인으로 성적을 문의하지만 전화나 문자로 대화를 청하는 학생들도 꽤 있다. 강의실에서의 대화든 강의 후의 대화든 교수와 학생 사이에서 이루어지는 대화는 기본적으로 상호 존중이 바탕이 되어야 한다. 교수는 특정한 교과목을 가르치는 일을 하는 사람이고, 학생은 배우는 과정에 있는 사람이지, 교수와 학생이 상하 관계로 묶여 있는 것이 아니다. 그러므로 교수와 학생은 강의실 내에서든 강의 후에든 각자 맡은 역할을 수행하는 존중받아야 할 사람들로 서로를 대해야 한다.

2) 바람직한 대화 방법

　교수와 학생 사이의 바람직한 대화는 상호 존중이 기본이 되어야 한다고 앞에서 이야기했다. 상호 존중 이외에 한 가지를 더 이야기한다면 신뢰이다. 학생이 교수를 대할 때 강의하는 교과목에 대해서라면 전문가라고 인정하며 신뢰해야 하고, 교수가 학생을 대할 때는 학생이 하는 말에 전적인 신뢰를 하며 들어야 한다. 교수와 학생 사이의 대화에 상호 존중과 신뢰가 바탕이 된다면, 그것이 어떠한 대화일지라도 분명히 바람직한 대화가 될 것이라고 확신한다.

　교수와 학생의 대화에서 곤혹스러운 경우는 대개 성적을 확인하는 기간에 발생한다. 학생이 자신의 성적에 대해 구체적인 사항을 정확하게 알고 싶어 하는 것은 당연한 일이다. 학점이 지필고사나 출석 등의 단일 항목만으로 평가되지 않기 때문이다. 어느 과목이든 보통은 강의계획서에 명시된 대로 시험, 출석, 과제, 발표, 태도 등의 여러 항목에 미리 정해진 배점 기준대로 점수를 주고, 그 점수의 총합으로 학점을 주게 된다. 그러니 학생은 자신의 학점을 확인한 후에 학점이 예상했던 것보다 좋지 않으면 각 항목들의 점수를 구체적으로 알고 싶어 교수에게 문의를 하게 된다.

　이때 주의할 점은 역시나 상호 존중과 신뢰를 기억하라는 것이다. 학생은 교수가 학점을 공정하게 주었을 것이라고 신뢰하는 마음으로, 교수를 존중하면서 성적을 문의하자. 보통은 무슨 과목을 듣는 누구라고 학생이 자신을 밝히면서 성적 산출의 근거를 묻는데, 가끔은 기분이 좋지 않은 성적 문의를 듣기도 한다.

그러한 예들을 들면, 다른 이야기 없이 불쑥 "제가 왜 F인가요?", "제가 시험도 보고, 출석도 어느 정도 했는데, F를 맞을 이유는 없다고 생각하는데요?" 같은 말이다. 또는 자신의 예상보다 필기고사 성적이 낮다면서 "채점한 시험지를 보여 주세요", "채점은 정확하게 하셨나요?", "채점 기준이 뭔가요?", "몇 번은 점수를 더 줄 수도 있지 않나요?"와 같은 말도 듣는다. 이러한 물음이나 요구에는 응답을 하기는 하지만 감정이 상하게 된다. 교수에 대한 존중이나 신뢰가 없다고 생각하기 때문이다.

그리고 또 다른 예는 읍소형이 있다. "교수님 과목에서 한 단계만 성적이 향상되면 국가장학금을 받을 수 있다. 가정 형편이 좋지 않아 국가장학금을 받지 못하면 휴학을 해야 한다. 그러니 국가장학금을 받을 수 있도록 꼭 성적을 올려 달라" 등의 말이다. 성적을 올려줄 적절한 근거가 없는데 학생들의 이러한 말을 듣는 것은 상당히 난감하다.

성적 문의 이외에 한 가지 더 이야기를 하자면 학생이 교수에게 e-메일을 쓸 때는 적절한 제목을 쓰고, 자신이 무슨 과목을 수강하는 누구인데 어떤 용무로 e-메일을 쓰는지 간략한 내용을 적어서 메일을 발송하는 것이 좋다. 학생이 과제 제출 기한을 넘겨 e-메일로 과제를 제출하는 경우, 제목도 내용도 전혀 없이 달랑 첨부파일만을 보내는 경우가 꽤 있다. 이러한 e-메일은 상대를 당혹스럽게 한다. 교수에게 e-메일을 보낼 때는 메일의 제목이 있는지, 간략한 내용을 작성했는지 등을 검토한 후 발송했으면 한다.

교수와 학생 사이의 바람직한 대화는 상호 존중과 신뢰를 바탕으로 강의시간에 강의 내용과 관련된 진지한 질의응답 위주가 되었으면 한다. 그러면 다음의 예문을 바람직한 대화로 바꾸는 연습을 해보자.

① 가: 네. ○○○입니다.
　　나: 제가 왜 F인가요?

→ 가:
　　나:

② 가: 네. ○○○입니다.
　　나: 시험 성적이 생각보다 낮은데, 시험지 좀 보여 주세요.

→ 가:
　　나:

③ 가: 네. ○○○입니다.
　　나: 이번에 국가장학금을 받아야 하는데 성적을 올려주실 수 있을까요?

→ 가:
　　나:

④ 가: 네. ○○○입니다.
　　나: 교재를 안 가져왔는데, 책 좀 빌려주세요.

→ 가:
　　나:

⑤ 과제를 늦게 제출하게 되어 교수에게 e-메일로 제출하는 경우, 메일의 제목과 간략한 내용을 작성해보자.

→ 제목:

　내용:

Ⅲ. 프레젠테이션

생각할 거리

사람들은 일상적인 대화보다 공식적인 말하기를 조금 더 어려워한다. 지금까지 다른 사람들 앞에서 프레젠테이션을 해 본 경험이 있는지 생각해 보고 다음에 답해 보자.

1. 프레젠테이션을 해 본 적이 있는가? 자신의 프레젠테이션에서 잘한 점과 부족한 점은 무엇이었는가?

2. 프레젠테이션을 할 때 어려운 점은 무엇인가?

3. PPT를 만드는 방법을 잘 알고 있는가? 만일 그렇다면 다른 사람들에게 도움말을 줄 수 있는가?

4. 프레젠테이션을 잘하는 방법을 알고 있는가? 그 방법은 무엇인가?

5. 프레젠테이션을 할 때 중요한 점은 무엇인가?

1. 프레젠테이션의 개념

프레젠테이션은 다양한 기술과 도구를 이용하여 청중들 앞에서 정보를 전달하거나 자신의 의견 또는 주장을 전달하는 의사소통 방식의 하나로 청중의 행동 변화를 이끌어내는 것을 목적으로 한다. 비즈니스의 현장이나 교육 현장 그리고 다양한 면접 장소에서도 프레젠테이션을 할 기회가 많아지면서 어떻게 하면 프레젠테이션을 잘할 수 있는지에 대한 관심이 많아졌다. 이에 따라 프레젠테이션을 잘하는 것은 현대인이 갖추어야 할 능력의 하나로 여기게 되었다.

프레젠테이션은 단순한 음성 전달만이 아니라 표정과 눈빛 그리고 제스처를 동원하여 시청각 자료를 활용해서 청중을 설득하는 완벽한 공연이 되어야 한다. 이 말은 프레젠테이션을 잘하기 위해서는 연습이 필요하다는 것이다. 연습이 없이는 무대 위의 공연을 잘할 수 없기 때문이다. 마치 피아니스트가 관객을 앞에 두고 무대 위에서 공연을 하려면 오랫동안의 연습 과정이 필요한 것과 같다. 피아니스트는 관객들에게 자신이 연습하는 과정을 보여주지 않는다. 연습을 한 후의 완벽한 모습만을 무대 위에서 보여준다. 관객이 보고 듣는 피아니스트의 훌륭한 연주 뒤에는 혼자만의 연습 과정이 있었음을 짐작할 수 있다. 우리가 하는 프레젠테이션도 무대 위의 훌륭한 퍼포먼스가 되어야 함을 기억하자.

프레젠테이션을 잘하는 것으로 유명했던 스티브 잡스의 영상을 유튜브에서 찾아보고, 프레젠테이션을 어떻게 해야 하는지 참조해보자. 학생들이 프레젠테이션을 할 때 흔히 하는 실수 중의 하나는 프레젠테이션이 공식적인 '말하기'라는 것을 잊은 듯이 행동하는 것이다. 프레젠테이션을 할 때는 발표자가 청중의 반응을 살피면서 자신이 하고 싶은 말을 청중이 이해하기 쉽도록 적당한 속도로 또박또박 전달해야 한다. 그러한 과정에서 청중의 이해를 돕기 위해 시각적인 보조자료(PPT)를 활용하는 것이다.

그런데 많은 학생들이 프레젠테이션을 할 때, 말하기 활동을 하는 대신 자신들이 준비한 자료를 분명하지 않은 목소리로 읽고 마는 경우들이 허다하다. 자료를 읽을 때는 발표자의 손에 든, 발표 내용 그대로를 프린트한 발표문을 읽거나 청중은 보지 않고 컴퓨터 화면을 읽어 나간다든지, 또는 청중에게 등을 보인 자세로 스크린에 보이는 자료를 너무도 지루하게 읽어나가는 경우를 본다. 자료를 읽고 있는 학생들은 대부분 프레젠테이션을 할 준비를 제대로 하지 않아서 발표 내용을 정확하게 숙지하지 못한 채 자신 없는 목소리로, 그것도 아주 작은 목소리로 빠르게 웅얼웅얼 읽어버린다. 프레젠테이션 연습을 하지 않았기 때문에 자신이 없어서 빨리 프레젠테이션을 끝내고 자기 자리로 돌아가고 싶은 마음에서 자료를 읽고 마는 것이다.

이러한 프레젠테이션은 청중에게 전달 효과도 현저하게 떨어지는데, 실제로 청중들은 작은 목소리로 읽기만 하는 프레젠테이션에 집중하기도 어렵다. 프레젠테이션은 다른 사람들 앞에서 자료를 읽는 활동이 아니라 공식적인 말하기 활동이라는 것을 잊지 말아야 한다. 프레젠테이션을 할 때, 발표문을 읽는 것으로 내용 전달을 하지 않고 이야기하듯이 말로 전달한다면, 분명 프레젠테이션은 80% 이상 성공할 것이다. 그만큼 프레젠테이션이 말하기 활동이라는 것을 기억해야 한다.

2. 프레젠테이션의 준비 과정

프레젠테이션을 준비하는 과정은 먼저 환경 분석을 한 후에 주제 선정 및 자료 수집, 발표문 작성, 연습 그리고 발표의 순서로 진행하는 것이 좋다. 프레젠테이션을 하기 위한 준비의 첫 단계가 환경 분석이므로, 프레젠테이션을 잘하기 위해서는 환경 분석을 정확하게 하는 것이 무엇보다 중요하다. 환경 분석은 프레젠테이션의 주제를 결정하는 데 반드시 고려해야 하는 세 가지 요인을 가리키는 말인데, 3P 분석이라고도 한다. 3P는 People(청중), Purpose(목적), Place(장소)의 영어 단어 앞글자가 모두 P로 시작하므로, 쉽게 기억하기 위해 붙인 명칭이다.

1) 3P 분석

프레젠테이션을 하기 위해서는 몇 가지 준비 과정이 필요하다. 제일 먼저 해야 할 것은 3P 분석이다. 3P 분석이란 purpose(목적), people(청중), place(장소)를 의미하는데, 효과적인 프레젠테이션을 위해서는 기본적으로 거쳐야 하는 필수적인 과정이다. 프레젠테이션의 목적이 무엇인지, 프레젠테이션을 듣는 청중은 어떤 사람들인지 그리고 프레젠테이션을 하는 장소는 어떠한지를 살펴야 한다.

① 프레젠테이션의 목적(Purpose)
프레젠테이션을 하는 목적이 설득인지, 정보 전달인지에 따라 어떠한 주제

로 내용을 어떻게 전달해야 하는지가 달라진다. 프레젠테이션은 보통 설명형, 설득형, 제안형으로 나눌 수 있다. 설명형 프레젠테이션은 정보 전달을 목적으로 하는 것이다. 그래서 청중이 프레젠테이션의 내용을 이해하고 기억할 수 있도록 하는 것이 중요하다. 설득형 프레젠테이션은 청중의 행동을 변화시키는 것을 목적으로 한다. 그러므로 내용을 구성할 때 청중의 변화를 위해 이성적인 면과 함께 감성적인 면에도 관심을 기울여 준비해야 한다. 제안형 프레젠테이션은 설명형과 설득형 프레젠테이션의 중간적 성격을 지닌다. 이에 따라 프레젠테이션의 내용을 청중이 이해할 수 있도록 조직하고 청중의 심리적 변화를 위해서도 관심을 기울여야 한다.

② 청중 분석(People)
　프레젠테이션의 주제를 정할 때 청중 분석도 중요하게 고려해야 할 요소이다. 청중 분석을 해야 하는 이유는 프레젠테이션을 들을 청중에게 유용한 주제를 선택해서 청중의 공감을 얻기 위해서이다. 청중의 규모나 직업, 연령, 그리고 관심도에 따라 프레젠테이션의 주제가 달라지고 내용을 전달하는 언어나 예시도 달라질 수 있다.

③ 장소 분석(Place)
　프레젠테이션이 이루어지는 장소에 따라 프레젠테이션의 효과가 달라질 수 있으므로 미리 현장을 확인하는 것이 좋다. 공간이 어느 정도의 규모인지, 좌석 배치는 어떻게 되어 있는지, PPT(시각적 보조 자료)를 활용할 수 있는지의 여부를 살펴야 한다.

2) 내용 구성

 프레젠테이션은 미리 작성해놓은 내용 없이 즉석에서 할 수는 없다. 내용에 맞는 PPT도 사전에 만들어 두어야 프레젠테이션의 내용을 더욱 효과적으로 전달할 수 있으며, 내용을 작성한 후 수정을 거쳐 자연스러운 프레젠테이션이 되도록 연습도 해야 한다. 여기서는 프레젠테이션을 수행하기 위한 내용을 구성하는 방법을 알아보자.

① 서론
 서론은 청중의 관심을 끄는 말로 시작하여 본론의 내용을 예고하는 것이 좋다. 프레젠테이션의 시작을 어떻게 하느냐에 따라 전체 분위기가 결정되므로 서론의 내용을 인상적인 말로 출발해야 한다.
 청중의 관심을 끄는 요소로는 프레젠테이션의 내용과 관련된 시사적인 이야기, 널리 알려진 속담이나 격언을 인용하기 또는 유머러스한 이야기 등이 있다. 그리고 발표자가 선택한 내용으로 프레젠테이션을 하는 이유 또는 발표자가 이야기할 프레젠테이션의 내용이 청중에게 왜 중요한가 등을 알리면서 시작하는 것도 좋다.

② 본론
 본론은 발표자가 청중에게 알리는 자신의 프레젠테이션 내용에서 핵심적인 부분이다. 본론의 내용을 어떤 순서에 따라 이야기할 것인지는 내용 전달의 효율성 면에서 고려해 보아야 한다. 똑같은 내용을 어떤 순서로 이야기하는가에 따라 전달력이 달라지기 때문이다. 이를 구성이라고 하는데, 프레젠테이션을 듣는 청중이 '도대체 무슨 이야기를 하는 거지?'라는 생각을 하지 않도록 짜임새 있게 내용을 구성하는 것이 중요하다.

본론의 내용은 발표자의 주장이나 생각을 뒷받침해줄 수 있는 배경 정보와 근거 그리고 예시를 적절하게 조직해야 한다. 간혹, 발표자들 중에는 너무 많은 양의 정보와 자료를 준비해서 그것을 청중에게 모두 들려주려고 하는 경우가 있다. 그러나 발표자가 조사하고 준비한 자료들 중에서 자신의 프레젠테이션 내용을 선명하게 전달할 수 있는 것들로 자료를 선별하여 정해진 발표 시간 내에 전달할 수 있는 만큼의 내용으로 본론을 구성하는 것이 필요하다.

③ 결론

결론은 본론에서 이야기했던 내용을 간략하게 요약하여 마무리하는 단계이다. 결론에서는 본론에서 언급하지 않았던 새로운 내용을 이야기하지 않는 것이 좋다. 만약 본론과 연관된 새로운 내용을 언급한다면 그것은 결론이 아니라 본론이 된다. 결론에서는 본론을 마무리하는 것이지 새로운 이야기로 연결하는 단계가 아니기 때문이다. 다시 한번 기억하자. 결론은 본론의 간략한 요약으로 마무리하는 단계이다.

우리는 익숙하지 않은 대중가요를 들으면서도 '이 부분은 끝나는 부분이군' 하는 느낌을 받는다. 마찬가지로 처음 보는 드라마나 영화를 보면서도, 시작 단계와 마무리 단계를 어느 정도 짐작할 수 있다. 우리가 대중가요, 드라마, 영화에서 그러한 것을 예측할 수 있는 것은 그동안 우리가 경험해왔던 대중가요와 드라마, 영화의 문법을 체득했기 때문이다. 프레젠테이션에서도 청중이 그러한 예측을 할 수 있도록 자신의 프레젠테이션의 결론 부분에서도 "이상에서 제가 말씀드렸던 내용을 정리해보면 ……"이나 "결론적으로 말씀드리면 ……" 또는 "발표를 마무리하기 전에 ……" 등의 결어를 사용하여 결론을 이야기하는 것이 좋다.

3) PPT(시각 보조 자료) 만들기

　프레젠테이션의 발표문을 완성하고 나면, 발표문의 내용에 맞추어 PPT(시각 보조 자료)를 만들게 된다. PPT를 만드는 목적은 청중이 자신의 프레젠테이션 내용을 더욱 잘 이해하기를 바라기 때문이다. 프레젠테이션 내용을 말로만 전달한다면 청중이 혹시나 잘 이해하지 못하는 부분이 있을까 해서, 시각적인 보조 자료(PPT)를 활용하여 청중이 명확하게 이해하도록 하기 위한 것이다.

　그런데 이러한 PPT의 목적을 잊은 채 청중이 발표 내용을 이해하는 것보다 PPT를 정확하게 보기 위해 집중하게 한다면 청중이 발표 내용을 놓칠 수도 있을 것 같다는 우려가 드는 경우가 종종 있다. PPT의 목적에 맞도록 프레젠테이션의 보조 자료 역할을 잘 할 수 있는 PPT를 만들기 위해서는 다음의 몇 가지 사항에 유의해야 한다.

① 텍스트로 이루어진 자료는 한 화면을 6줄 이내로 작성

　강의실에서 보는 학생들의 PPT 화면이 처음부터 끝까지 빽빽한 글자로 채워진 것을 볼 때면 화면을 쳐다보는 일이 아주 불편하고 답답하게 느껴진다. 학생들은 발표문으로 작성해야 할 프레젠테이션의 내용을 PPT에 그대로 옮겨서 담아올 때가 있다. 그러한 PPT를 가져오는 학생들의 프레젠테이션은 대개 그 화면을 그대로 읽는 경우가 많다. 그런 프레젠테이션은 청중의 집중도와 흥미를 급격히 저하시킨다.

　PPT 화면을 텍스트를 중심으로 만드는 경우에는 한 화면에 6줄 이내로 핵심 단어나 문장을 쓰는 것이 좋다. 그리고 나머지 내용은 PPT 화면에 쓰는 것이 아니라 발표자의 머릿속에 쓰여 있어야 한다. 그렇게 해야 청중이 PPT 화면에 있는 핵심 단어를 보면서 발표자의 프레젠테이션 내용에 집중할 수 있다는 것을 기억하자. 우리가 똑같은 프레젠테이션 내용을 귀로 들으면서 동시에 눈으로까지 그대로 읽어내기는 쉽지 않다.

② PPT 화면의 글씨는 눈에 잘 보이도록

PPT 화면의 글씨는 선명하게 잘 보여야 한다. 화면의 바탕색은 예쁜 색깔로 꾸미기보다는 화면의 글씨가 잘 보일 수 있도록 연한 색깔을 선택하는 것이 좋다.

③ PPT 전체의 폰트와 색깔을 세 가지 이내로

PPT 화면을 예쁘고 멋있게 꾸미려는 욕심으로 각 장마다 폰트나 색깔을 다양하게 사용하는 경우가 있다. 그런데 이러한 노력은 보상을 받기 어렵다. PPT 전체의 폰트와 색깔은 세 가지 이내로 사용하는 것이 화면의 통일성을 준다. 이러한 PPT 화면이 청중의 집중력을 높이는 데도 좋다.

④ 그림이나 사진은 한 화면에 한두 개 정도가 적당함

PPT 한 화면에 그림이나 사진을 사용할 경우에는 한 화면에 너무 많은 그림이나 사진을 배치하지 않는 것이 좋다. 한 화면에는 한 개나 두 개 정도의 그림이나 사진이 적당하다. 그림이나 사진은 당연히 작은 것보다는 큰 것이 청중의 집중력을 높일 수 있다.

⑤ 표나 그래프는 확대해서 사용

PPT 화면에 표나 그래프를 사용할 때는 크게 보여주어야 한다. 다른 자료에 있는 표나 그래프를 그대로 복사해서 PPT 화면에 사용할 때 화면 크기에 비해 너무 작다면 보여주고 싶은 부분을 선명하게 확대해야 한다. 또한 프레젠테이션 내용에서 언급하지 않는 부분까지 모두 포함하는 표나 그래프보다는 관련 부분만 잘라서 자료로 활용하는 것이 좋다.

3. 프레젠테이션의 실제

1) 프레젠테이션 준비

프레젠테이션을 잘하기 위해서는 연습을 충분하게 해야 한다. 연습을 하지 않고 프레젠테이션을 잘할 수는 없다. 주위에서 프레젠테이션을 아주 자연스럽게 힘들이지 않고 하는 것 같은 사람이 있다면 그 사람은 분명히 부단한 연습을 했을 것임에 틀림이 없다.

프레젠테이션은 마치 마술사의 쇼처럼 진행해야 한다. 무대 위의 마술사가 청중 앞에서 물 흐르듯 눈 깜짝할 새 마술 공연을 하기까지 얼마나 많은 연습을 했을까는 상상하기에 어렵지 않다. 만약 마술사의 공연이 서툴러서 단계마다 청중이 마술사의 행위를 눈치 챈다면 그 공연을 끝까지 보려고 하는 청중은 거의 없을 것이다. 공연이 재미가 없고, 청중은 인내심이 부족하기 때문이다. 프레젠테이션도 마찬가지이다. 청중의 인내심을 시험하지 말자. 연습만이 완벽한 프레젠테이션을 할 수 있도록 돕는다.

연습의 첫 단계는 발표문을 소리 내어 읽는 것이다. 먼저 발표문을 천천히 읽어본 후, 끊어 읽어야 할 부분과 잠시 휴지를 두어야 할 부분을 표시하면서 발표문을 다시 읽는다. 그런 다음 발표문을 여러 번 소리 내어 읽으면서 제스

처와 얼굴 표정도 생각해본다. 이러한 과정이 반복되면 PPT 화면을 옆에 두고 화면을 넘겨가면서 연습하면 된다. 그러면 자연스럽게 발표문을 보지 않고도 프레젠테이션을 할 수 있을 것이다.

프레젠테이션은 말하기이다. 강의실에서 실제 프레젠테이션을 할 때, 발표자가 프린트한 발표문을 손에 든 채 청중과 눈을 맞추지도 않고 발표문을 그대로 읽어나가는 경우를 자주 보게 된다. 또는 청중을 등진 채 PPT 화면이 켜진 스크린을 보면서 내용을 읽고 끝맺는 프레젠테이션도 보게 된다. 프레젠테이션은 청중 앞에서 읽는 활동이 아니라 말하기 활동이 되어야 한다. 연습만이 프레젠테이션을 말하기 활동으로 만들어준다.

2) 실전 발표

프레젠테이션 준비를 열심히 했다면 실전 프레젠테이션도 연습한 것처럼 하면 되지만 막상 발표 당일이 되면 누구나 긴장을 하게 된다. 더구나 점점 자신이 발표할 차례가 다가오면 더욱 긴장을 하게 된다. 이러한 상태에서도 발표를 잘 마칠 수 있는 힘은 역시나 연습에서 나온다.

다음은 실전 프레젠테이션에 임하는 자세와 태도에 대한 몇 가지 도움말이다.

① 발표 당일에는 늦지 않기

자신이 프레젠테이션을 하는 날은 절대 늦으면 안 된다. 발표 시간에 늦게 되면 발표에 앞서 자신의 자료를 미리 준비해둘 수도 없으며 마음을 가다듬을 여유 자체가 없다. 늦게 온 발표자는 청중에게 자신의 준비가 되지 못한 모습을 보였다는 심리적인 부담을 느끼게 되어 발표에도 좋지 않은 영향을 미칠 수 있다.

청중의 입장에서는 발표 시간에 늦어서 당황하는 모습을 보이는 발표자에게 신뢰감을 갖기 어렵게 된다. 그러니 발표 당일에는 꼭 여유 있게 발표 장소에 도착하자.

② **발표 복장은 단정하게**

발표자의 복장은 단정한 것이 좋다. 프레젠테이션에서 가장 중요한 것은 발표 내용이지만 발표자의 단정한 용모는 많은 사람들 앞에 설 때의 기본적인 예의이기도 하다. 청중이 프레젠테이션 내용을 듣기도 전에 발표자의 정돈되지 않은 머리 모양새와 허술한 옷차림, 그리고 맨발에 슬리퍼 차림으로 발표를 준비하는 모습을 본다면, 프레젠테이션에 대한 기대감이 반감될 수 있다.

③ **발표 전에는 호흡을 가다듬고 청중에게 미소를**

발표자는 PPT 화면을 켜 놓은 다음 바로 발표를 시작하는 것보다 조용히 심호흡을 크게 한 후 청중을 둘러보며 밝은 미소를 보인 후 발표를 시작하는 것이 좋다. 이러한 행동이 발표자에게는 발표 전에 심리적인 여유를 가질 수 있게 하며, 청중에게는 발표자가 어떤 이야기를 할까에 대한 기대감을 품게 한다. 서둘러 발표를 시작하기보다 몇 초 동안의 여유로운 미소로 발표를 준비하자.

④ **발표는 너무 빠르지 않은 속도로**

학생들이 프레젠테이션을 할 때 저지르는 몇 가지 실수 중의 하나는 정해진 발표 시간보다 일찍 발표를 끝내버리는 것이다. 프레젠테이션은 주어진 시간을 충분히 활용하는 것이 좋다. 그러니 발표 속도는 너무 빠르지 않게 하는 것이 효과적이다.

⑤ 발표할 때는 청중과 눈맞춤을

프레젠테이션을 할 때는 청중의 반응을 살펴야 한다. 프레젠테이션의 목적이 청중의 변화를 유도하는 것이기 때문이다. 자신의 발표 내용을 청중이 잘 이해하는지 살피기 위해서도 청중과의 눈맞춤은 중요하다. 청중의 반응을 살피면서 발표의 속도를 조절할 수도 있다.

⑥ 발표할 때 목소리는 크게

많은 사람들 앞에서 프레젠테이션을 하게 되면 긴장감에 목소리도 크게 내지 못하는 경우가 많다. 미리 연습을 많이 했을 때는 연습량에 비례하여 자신감이 상승하기 때문에 목소리가 떨리더라도 평소대로 소리를 낼 수 있지만 연습량이 부족했을 때는 자신도 모르게 목소리도 기어들어가게 된다. 발표할 때 목소리의 크기는 자신의 말을 청중이 모두 들을 수 있을 정도여야 한다. 마이크를 사용해도 되니 소리를 높여 보자.

⑦ 마무리까지 자신감 있게

프레젠테이션을 정확하게 또박또박 진행하던 학생들 중에서도 발표가 거의 마무리될 시점부터는 말끝을 정확하게 끝맺지 않고 중간에 얼버무리고 마는 경우가 있다. "이상 발표를 마치겠습니다. 질문 있습니까?"라고 말하는 대신 "이상 발표를 마치겠습니다. 질문……"하는 식이다. 프레젠테이션이 끝날 때까지 자신감 있게 말을 하는 것이 좋다.

⑧ 질의응답까지 여유 있게

프레젠테이션이 끝나면 질의응답이 뒤따른다. 보통의 경우에는 질문이 없이 바로 프레젠테이션이 끝나기도 하지만 청중이 질문을 한다면 발표자는 질문의 의도를 명확히 이해하고 정확한 답을 할 수 있어야 한다. 질문에 분명한 응답을 하는 발표자는 분명 자신의 발표에 대한 예상 질문도 미리 생각해보았을 것이다. 청중의 질문에 답을 술술 해내는 발표자라면 그만큼 자신의 프레젠테이션 준비를 잘했다는 방증이 될 것이다.

3) 프레젠테이션 피드백

발표자는 프레젠테이션을 마친 후 자신의 발표에서 어떤 점이 부족했는지, 장점은 무엇이었는지 생각해 볼 것이다. 발표에 대한 평가와 피드백을 받게 되면 이후에 하게 될 프레젠테이션을 준비하는 데 도움이 될 것이다. 프레젠테이션에 대한 자기 평가 이외에 동료 평가와 교수 평가로 객관적인 도움을 받을 수 있다. 자신의 발표 장면을 녹화한 영상이 있다면 스스로 객관적인 평가를 하는 데 좋은 자료가 된다.

프레젠테이션을 할 기회는 대학생활에서만이 아니라 졸업 후 직장생활에서도 더욱 많아지고 있다. 첫 시도가 만족스럽지 못했더라도 프레젠테이션에 관심을 가지고 잘할 수 있도록 노력해야 하는 이유이다.

[프레젠테이션 평가표]

내용	평가항목	점수				
발표 준비	발표 자료가 준비되었는가?	1	2	3	4	5
	발표 시간을 잘 지켰는가?	1	2	3	4	5
PPT (슬라이드)	슬라이드가 발표에 도움을 주는가?	1	2	3	4	5
	슬라이드 분량은 적절한가?	1	2	3	4	5
발표 내용	발표 주제가 청중을 고려한 것인가?	1	2	3	4	5
	발표의 도입과 마무리가 흥미로운가?	1	2	3	4	5
발표 태도	옷차림이 단정한가?	1	2	3	4	5
	목소리의 크기와 빠르기가 적당한가?	1	2	3	4	5
상호 작용	청중과 눈맞춤을 하는가?	1	2	3	4	5
	질문에 적절히 답하는가?	1	2	3	4	5

Ⅳ. 토의

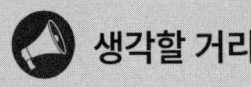 생각할 거리

1. 토의와 토론의 차이는 무엇인가?

2. 토의의 종류를 알고 있는가?

3. 토의를 계획하고 진행해 본 적이 있는가?

4. 최근에 참여해 본 토의는 어떤 토의였는가?

1. 토의의 개념과 종류

1) 토의의 개념

　토의는 집단 공통의 문제를 해결하기 위해 구성원들이 모여 서로 의견과 정보를 주고받아 합의점이나 해결책을 찾으려는 협력적인 의사소통 방법이다. 토의는 엄격한 형식이나 특별한 규칙 없이 참여자들이 자유롭게 의견을 내놓는 방식이므로, 논의 과정에서 자신의 입장만을 고집하지 않아야 한다. 그리고 토의에서는 다수의 의견을 따르는 것이 원칙이지만 소수의 의견이라고 해서 무시해서도 안 된다. 또한 토의에서 합의된 결정이라면 토의에 참여한 사람들이 적극적으로 수용하여 공동의 이익과 발전에 기여하려는 태도를 가져야 한다.

2) 토의의 종류

① 원탁 토의
　원탁 토의는 비공개 자유토의의 대표적인 형식으로, 참여자들이 원탁에 둘러앉아 자유롭게 이야기하는 방식의 토의이다. 원탁 토의에서는 10여 명 이내의 구성원들이 동등한 자격으로 참여하여 공통의 문제에 대해 자유롭게 이야기한다.

② 패널 토의
　패널 토의는 토의 주제에 대해 전문지식을 갖춘 세 명에서 여섯 명 정도의 토의자들이 청중 앞에서 공개적으로 사회자의 진행에 따라서 관련된 정보나 지식, 의견 등을 나누고 토의가 끝난 후에는 청중으로부터 질문을 받고 토의

자가 대답을 하는 방식의 토의이다. 패널은 재판에 참여하는 배심원을 가리키는 말로, 패널 토의는 배심 토의라고도 한다. 각각의 패널을 패널리스트라고 부르기도 한다. 정치, 시사, 학술 등 특정 분야의 전문적인 문제를 해결하는 데 적합한 토의이다.

③ 회의(Conference)

회의는 공동의 문제를 해결하기 위해 두 사람 이상이 모여 의제를 채택하고 참여자들의 동의를 얻어 의제에 관련된 사항을 결정하는 방식의 토의이다. 회의는 토의의 가장 일반적인 형식으로 같은 공간에 모인 사람들이 협력하여 정보를 교환하고 문제 해결과 의사 결정에 도움을 준다.

회의는 학급 회의를 비롯하여 국회의 정기 총회와 임시 총회, 각 기관의 다양한 각종 회의 등과 같이 집단에서 선출된 임원들이 회칙에 따라 진행하는 토의 방식이다.

④ 심포지엄(Symposium)

심포지엄은 전문성을 가진 네다섯 명의 참여자들이 청중 앞에서 각자 일정한 시간 동안 자신의 주제를 발표한 후 청중의 질문을 받아 답하는 방식의 토의이다. 패널 토의와 비슷한 방식처럼 보이지만 패널 토의는 패널들끼리 공개적인 자유토의를 한 후 청중의 질의를 받는 데 비해, 심포지엄은 참여자들이 각각의 발표 이후 청중의 질의를 받는 방식이다. 그리고 발표자들끼리의 의견 교환이 없고 특정한 결론을 이끌어내는 것을 목적으로 하지 않는 점에서 패널 토의와 구별된다.

⑤ 포럼(Forum)

포럼은 고대 로마 시대에 재판이나 공공의 문제에 대해 공개 토의를 했던 장소를 뜻하는 말에서 유래했다. 포럼은 전문가 한 사람이 특정한 문제에 대해 여러 가지 견해를 이야기한 다음 청중과 질의응답의 시간을 갖는 방식의 토의이다. 그러므로 포럼은 다른 토의의 유형과 달리 처음부터 청중의 참여로 이루어진다.

포럼의 유형에는 대담 포럼, 강의 포럼, 토론 포럼 등이 있다. 대담 포럼은 청중과 대담 형식으로 질의응답이 오가는 방식이고, 강의 포럼은 저명인사를 초청하여 강연 형식의 발표를 들은 후에 사회자의 진행에 따라 청중과 질의응답을 하는 방식이다. 그리고 토론 포럼은 한 사람이 어떠한 문제에 대해 자신의 주장을 펼친 후에 청중과 토론을 벌이는 방식이다.

⑥ 세미나(Seminar)

세미나는 공동연구 토의라고도 한다. 이는 어떤 주제에 관심을 가진 사람들이 모여 공동으로 연구를 진행한 내용을 발표하고 토론하는 형식의 토의이다. 토의 주제에 대해서는 발표자와 토론자 모두가 전문가들이다. 주로 학술논문을 발표하는 데 활용하는 토의이다.

⑦ 버즈토의(Buzz Session)

버즈토의는 6·6 토의라고도 한다. 6명씩 짝을 지어 6분 동안 토의한다고 해서 붙여진 이름이다. 그러나 참여 인원이 반드시 6명으로 제한되는 것은 아니다. 집단의 범위가 조금 좁을 수도 있고, 약간 넓어질 수도 있다. 버즈토의는 각종 토의의 예비 토의용으로 활용할 수 있다.

⑧ 콜로키(Colloquy)

콜로키는 모든 참여자들이 공식적인 규칙에 따라서 이야기를 주고받는 형식의 토의이다. 세미나와 비슷한 방식의 토의이나 권위 있는 전문가를 초빙하여 전문가가 다른 사람들의 의견을 듣고, 그릇된 의견이 있다면 바로잡아 주기도 하는 방식의 토의이다.

⑨ 워크숍(Workshop)

워크숍은 몇 개의 소집단으로 분류하여 작업과 토의를 병행한다. 집단별로 공동의 과제를 해결하는 방식이나 절차를 확인하고 개인별로 분담한 역할이나 절차 등에 대해 종합 토의를 한 후 개인별 역할이나 작업은 자신의 책임하에 수행한다.

2. 토의의 준비 과정

토의의 준비 과정에서 토의에 참여하는 사회자, 참여자, 청중의 역할을 확인해보자.

1) 사회자의 역할

토의에서 사회자의 역할은 크게 세 가지로 나눌 수 있다. 먼저 토의의 계획과 준비, 둘째는 토의의 진행, 셋째는 토의가 끝난 후 토의의 내용을 정리하여 보고하거나 다른 사람들이 토의 자료를 활용할 수 있도록 제공하는 것이다.

사회자가 토의를 진행할 때는 본격적인 토의를 진행하기 전에 토의 참여자들을 소개하고, 토의 문제를 명확하게 소개한다. 여기에서는 토의가 필요한 이유와 토의할 문제에 대한 배경 정보를 이야기한다.

또한 토의가 진행되면 사회자는 토의가 원활하게 이루어지도록 조정하는 역할을 한다. 모든 토의 참여자들이 만족할 수 있도록 토의 분위기를 유지시키는 데 노력하고, 토의 문제에 대한 해결 방법이나 결론을 이끌어내도록 하는 것이다. 토의 참여자들이 의견을 교환할 때 간혹 분위기가 과열되거나 토의 문제에서 벗어나는 이야기를 하는 경우에도 사회자가 부드럽게 조정해주어야 한다.

토의 문제가 충분히 논의되었을 때는 사회자가 토의 내용을 요약하고 결론에 대해서는 재확인하며 동의를 구한 후, 토의를 종료시킨다.

2) 토의 참여자의 역할

토의 참여자들은 토의 문제에 대해 미리 자료를 조사하고 정보를 취합하여 가능한 해결 방안에 대해서도 생각해 두어야 한다. 그리고 실제 토의에 임해서는 적극적으로 토의에 참여하여 다른 참여자들과 함께 토의의 목적을 달성하도록 노력해야 한다. 토의 절차를 숙지하고 사회자의 지시에도 잘 따라야 한다.

토의를 할 때, 토의 내용에서 벗어나는 불필요한 말을 피해야 하며 다른 토의 참여자들을 존중하는 자세로 이야기를 하는 것이 중요하다. 그리고 다른 토의 참여자들의 말을 경청하는 것도 필요하다.

3) 청중

청중이 토의에 직접 참여하지 않는다고 해도 토의 주제에 대한 자료를 조사하는 것이 좋다. 자료 조사를 충분히 한 청중은 토의를 지켜보면서 발표자들이 이야기하는 내용이 합리적인 근거를 토대로 하는 것인지, 말하는 내용이 논리적인지 등을 판단할 수 있기 때문이다.

질의응답 시간에 질문을 할 때는 토의 주제에서 벗어나지 않도록 유의하면서 요점을 간결하고 명확하게 전달해야 한다.

4) 토의 문제의 선정

토의는 공동의 문제를 해결하기 위한 의사소통 방식이다. 토의 참여자들이 정보를 교환하고 의견을 나누는 과정에서 최선의 해결책을 찾는 것이 목적이므로 토의 문제를 주의 깊게 선정하는 것은 꼭 필요한 과정이다.

토의 문제는 시의성이 있어야 하며, 함께 논의할 만한 의미와 가치가 있어야 하고 다양한 의견 접근이 가능한 것이 좋다. 그리고 토의 참여자들의 공통의 관심이 있는 것으로 선정해야 한다.

3. 토의의 실제

1) 실전 토의

다음은 우리 사회에서 자주 이야기되는 열 가지의 주제를 적은 것이다. 다음에서 한 가지 주제를 선택하여 자료조사를 해보자. 그리고 조별로 함께 토의하면서 어떠한 해결 방안이 있는지 찾아보자.

    1) 장애인 학교 설립 반대/장애인 이동권 보장 지하철 시위

    2) 데이트 폭력 방지 방안

    3) 다문화 복지 정책 확대

    4) 출산 장려 정책

    5) 귀농/귀촌/귀어 지원책

    6) 학생 인권 보호/ 직업 만족도 낮은 교사

    7) 플랫폼 노동자 보호 방안

    8) 대학 서열화 없애기

    9) 공기업 지역 인재 우대 정책

    10) 수도권 인구 집중 분산 방안

2) 토의의 평가

토의에 대한 평가는 토의의 내용과 진행 과정 그리고 토의 참여자와 사회자를 포함하는 토의 과정의 모든 것이 평가 대상이다. 문제 상황에 대한 이해를 정확하게 하고 있는지, 가능한 해결책은 잘 제시되었는지, 실천 방안의 문제점은 없는지 등을 종합적으로 평가한다.

[토의 과정 기록표]

토의 과정	토의 내용
토의 문제 제시	
토의 의제 찾기 및 분석	
해결안 제시하기	
최선의 해결안 선택하기	
실천방안 모색하기	

[토의 평가표]

모둠명		구성원		평가자	
토의 문제					

평가 범주	평가 요소	점수	총점
사회자	발언 기회를 균등하게 주는가	1-2-3-4-5	
	의견을 잘 조정하는가?	1-2-3-4-5	
	발언 내용을 잘 요약해서 전달하는가?	1-2-3-4-5	
토의자	다른 토의자의 발언을 경청하는가?	1-2-3-4-5	
	논리적 근거를 제시하며 발언하는가?	1-2-3-4-5	
	문제해결에 도움을 주는가?	1-2-3-4-5	
총평			
이유			

V. 토론

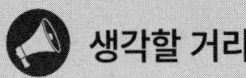 **생각할 거리**

1. 토론 대회에 참여한 적이 있는가? 혹은 토론 대회의 청중이 되어본 적이 있는가?

2. 최근 우리 사회에서 중요하게 이야기되는 문제들은 어떤 것들이 있는지 세 가지를 적어 보자.

3. TV 토론 프로그램을 처음부터 끝까지 시청한 적이 있는가? 그것은 어떠한 논제로 토론을 한 것이었는가?

4. TV 토론 프로그램에서 본 인상적인 토론자가 있는가? 만일 그렇다면/혹은 그렇지 않다면 그 이유는 무엇인가?

5. 토론을 지켜보고 나의 생각이 바뀐 경험이 있는가? 그것은 어떤 것이었는가?

1. 토론의 개념

1) 토론의 개념

토론은 어떤 문제에 대해 서로 다른 의견을 지닌 사람들이 정해진 규칙에 따라 근거를 바탕으로 자신의 주장을 펼쳐 상대를 설득하려는 목적의 의사소통 활동이다. 다양한 인간관계와 서로 다른 이해관계에서 오는 갈등을 원만하게 해결하는 방법으로서의 토론은 민주 시민으로서 추구해야 할 활동이다.

토론은 설득과 타협을 통한 문제 해결 방법이며, 타인과 다양한 사고와 경험을 공유하는 과정이다. 또한 토론을 하는 과정에서 서로를 깊이 있게 이해하며, 사회의 문제를 공동의 힘으로 해결할 수 있는 장을 마련해준다.

2) 토론의 교육적 효과

우리 사회에서 다양한 분야의 전문가들끼리의 토론을 텔레비전이나 유튜브 등에서 자주 접할 수 있게 되었다. 또 가끔 중고생이나 대학생들을 대상으로 하는 토론 대회가 열리기도 한다. 사람들은 토론에서 자신의 의견을 논리적으로 개진하는 사람의 말을 듣는 것을 선호한다. 명쾌한 논리로 상대를 설득할 수 있는 힘을 가진 말이기 때문이다.

토론의 교육적 효과는 네 가지로 정리할 수 있다.

첫째, 토론을 준비하고 토론에 참여하는 과정에서 비판적 사고능력을 비롯하여 이해력, 논리적인 분석능력, 창의력, 문제 해결 능력 등의 종합적인 사고능력을 향상시킨다. 이것은 토론의 자료를 찾아서 그것을 읽고 토론에 활용하고 상대의 주장을 들으며 정확하게 판단하고 대응하는 과정에서 자연스럽게 길러질 수 있다.

둘째, 토론은 의사소통 능력을 향상시킬 수 있다. 토론은 자신의 주장을 논리적으로 펼치며 상대의 의견을 진지하게 듣는 과정이 기본이 되는 활동이다. 상대의 말을 정확하게 듣지 않거나 자신의 주장이 논리적이지 않으면 의사소통이 원활하게 이루어지기 어렵다. 토론을 하면서 제한된 시간 내에 자신의 의견을 조리 있게 말하고, 상대의 말을 경청하고 이해하는 능력을 기르게 된다.

셋째, 토론으로 다양한 지식을 통합하는 능력을 기를 수 있다. 토론의 논제들은 정치, 경제, 사회, 문화 등의 다양한 분야를 다룬다. 토론을 준비하면서 그러한 정치, 경제, 사회, 문화 등의 객관적인 자료와 정보를 토대로 자신의 논지를 세워가는 과정에서 자신이 알고 있는 분야만이 아니라 그 이외의 분야까지 포함하여 다양한 지식을 통합하여 습득할 수 있게 된다.

넷째, 토론은 민주 시민으로서의 기본 자질을 키워준다. 민주주의 사회에서 시민들이 서로 존중하고 협력하면서 살아가기 위해서는 사회적인 합의에 의한 결정을 해야 할 일이 많다. 토론의 과정이 절차와 형식에 따라 진행되는 민주적인 의사결정의 과정이기도 하다. 그러한 과정에서 합리적이고 논리적인 의사표현과 상대에 대한 존중도 배우는 등의 민주 시민으로서의 기본 자질을 익힐 수 있다.

3) 토론의 용어

① 논제
 논제는 토론의 주제가 잘 드러나도록 토론거리를 문장으로 만든 것이다. 논제는 토론에서 해결해야 할 문제나 대상이다.

② 입론
 입론은 논제에 대해 자기 팀의 기본적인 입장을 담은 주장을 펼치는 과정이다. 입론에서부터 본격적인 토론이 시작되므로 자기 팀의 입장과 주장을 명확하게 담아야 한다.

③ 논점
 논제에 대해 찬성 팀이나 반대 팀이 주장하는 핵심적인 쟁점을 문장으로 만든 것이다.

④ 논거
 논거는 어떠한 이론이나 논리 등의 근거를 말하는 것으로 논거를 제시할 때는 출처를 분명하게 밝혀야 한다. 그리고 논거는 신뢰할 만한 것이어야 한다.

⑤ 반론
 반론은 상대 팀의 주장에 대한 논리적인 모순을 지적하는 것이다. 상대 팀 논리의 문제점이나 오류, 허점을 찾아내서 이를 논리적으로 반박한다.

2. 토론의 준비 과정

토론의 준비 과정은 토론 형식 익히기, 논제 선정, 논점 분석, 자료 조사와 토론 개요서 작성으로 나눈다. 다음에서 하나씩 살펴보자.

1) 토론 형식 익히기

토론을 준비할 때 토론이 어떤 규칙과 순서로 진행되는지를 확인하여 토론의 형식을 익히는 것은 효과적인 토론을 하기 위해 꼭 필요한 과정이다. 토론의 논제에 대해 깊이 있게 자료 조사를 했더라도 규칙과 순서를 숙지하지 못해 발언 시간을 초과하거나 발언의 순서를 잊고 자신의 자료를 살피거나 한다면 토론을 원활하게 진행하기 어렵게 되기 때문이다.

토론의 유형으로는 아카데미식 토론, 의회식 토론, 반대 심문식 토론, 링컨-더글라스 토론 등의 몇 가지가 있는데, 각각의 토론 유형에 따라 진행 방식과 소요 시간에 약간의 차이가 있다. 여기서는 50분 정도의 시간으로 연습해볼 수 있는 교육 토론의 모형을 살펴보자.

[교육 토론의 모형]

단계	구성	시간	총 시간
논제 설명	진행자의 논제 설명	3분	3분
입론	긍정측의 입론 부정측의 입론	각 3분	9분
쟁점 1	긍정측의 쟁점 1에 대한 주장 부정측의 쟁점 1에 대한 교차조사와 반박	각 5분	19분
쟁점 2	긍정측의 쟁점 1에 대한 반박과 쟁점 2에 대한 주장 부정측의 쟁점 2에 대한 교차조사와 주장	각 5분	29분
쟁점 3	긍정측의 쟁점 2에 대한 교차조사와 쟁점 3에 대한 주장 부정측의 쟁점 3에 대한 교차조사와 주장	각 5분	39분
최종 입장 정리	긍정측의 최종 입장 정리 부정측의 최종 입장 정리	각 4분	47분
논제 정리	진행자의 논제 정리	3분	50분

2) 논제 선정

논제를 선정할 때는 다음의 사항들이 고려되어야 한다.

첫째, 논제는 단 하나의 중심 논쟁만을 명확하게 제시해야 한다. 논제에 두 가지 이상의 논쟁을 담고 있으면 안 된다. 예를 들어 '저출산 문제 해결과 청년 실업 대책을 마련해야 한다'라는 논제는 '저출산 문제 해결'과 '청년 실업 대책'이라는 두 가지 핵심 논의가 있다. 이를 '저출산 문제 해결' 방안이나 '청년 실업 대책' 마련 중 어느 한 가지로만 집중해서 논제를 만들어야 한다.

둘째, 논제에 찬성과 반대 어느 한쪽에 유리하게 작용할 수 있는 감정적 표현은 배제해야 한다. 가령, '야만적인 개고기 식용을 금지해야 한다'와 같은 논제가 있다면 개고기를 먹는 것은 '야만적인' 행위라는 의미가 내포되어 있어, '개고기 식용을 금지해야 한다'는 입장에 유리한 표현이 된다. 감정적인 표현을 배제한 논제여야 한다.

셋째, 시의성이 있어야 한다. 우리 사회에서 현재 가장 관심 있는 문제가 토론의 논제가 되어야 토론자들도, 청중도 흥미를 갖고 토론에 참여할 수 있다.

넷째, 논제는 찬성과 반대가 분명히 드러나는 것이어야 하지만 어느 한쪽으로 기울어진 주제는 적합하지 않다. 대다수의 사람들이 특정한 논제에 대해 찬성 혹은 반대 의견을 가진 논제라면 논제로 채택하기에 적절하지 않다. 찬성과 반대 의견이 팽팽하게 나뉠 수 있는 논제가 적합하다.

3) 논제의 유형

논제는 사실논제, 가치논제, 정책논제 세 가지로 나눌 수 있다.

① 사실논제

　사실논제는 어떠한 특정 사실에 대하여 참이냐 거짓이냐를 논하는 것으로 사실 논제의 쟁점은 진실인가 허위인가와 관련이 있다. 사실논제를 토론할 때는 명확한 증거를 제시하는 것이 중요하다. '담배는 건강에 해롭다' 또는 '제주도는 대한민국의 영토이다'와 같은 논제가 사실논제이다.

② 가치논제

　가치논제는 어떠한 사안에 대해 옳고 그름 또는 좋고 나쁨이나 바람직한지 바람직하지 않은지의 가치 판단을 내리는 것으로 가치의 우열이 중시된다. '인간 배아 복제를 허용해야 한다' 또는 '사형 제도는 비도덕적이다'와 같은 논제가 가치논제이다.

③ 정책논제

　정책논제는 사실과 가치 판단을 근거로 하여, 어떤 행동의 구체적인 실행을 어떻게 할 것인가 혹은 어떤 문제에 대한 해결안을 찾는 것을 포함하는 논제이다. 정책논제로 토론을 하는 경우는 대개 사실과 가치에 관한 논쟁을 포함하는데, 먼저 사실 여부를 확인한 후에 무엇이 옳고 그른지를 밝혀야 어떤 정책이 더욱 현실적인지 결정할 수 있기 때문이다. 정책논제의 쟁점은 실현 가능성이나 효율성과 관련이 된다. '지역 인재 할당제를 강화해야 한다' 또는 '초중고 학생들에게 무상급식을 시행해야 한다'와 같은 논제가 정책논제에 해당된다.

4) 토론에서 피해야 할 오류들

① 권위에의 오류
지위나 힘을 이용하여 자신의 주장을 받아들이도록 하는 경우
예) 사장님께서 그렇게 말씀하셨다니, 사원의 입장에서는 그대로 따를 수밖에 없습니다.

② 인신공격의 오류
어떤 사람이 주장하는 말의 타당성과 무관하게 그 사람의 경력이나 인품, 직업 등을 이유로 그 주장에 문제가 있다고 비판하는 경우
예) 그 연예인은 평소 품행이 좋지 않기로 널리 소문이 났는데, 그가 공개 지지 선언을 한 정책은 분명히 문제가 많을 것이다.

③ 대중에의 호소 오류
합리적인 이유나 근거 없이 군중심리를 이용하여 주장에 동의를 얻어내려는 오류
예) 제일 잘 팔리는 휴대폰 모델의 성능이 제일 좋다.

④ 성급한 일반화의 오류
제한되거나 충분하지 않은 자료나 근거로 자신의 주장을 일반화하는 오류
예) 내가 방문한 지역에서는 A사의 냉장고를 많이 사용하는 것으로 보아 어디에서나 A사의 냉장고가 가장 많이 팔렸을 것이다.

⑤ 논점 일탈 오류

함께 논의하고 있는 논점과 관련이 없는 다른 이야기를 하게 되는 오류

예) 방금 조기 교육의 중요성에 대해서 이야기하셨는데, 조기 교육보다 이 자리에서 더 중요하게 논의해야 할 문제는 평생교육이라는 것을 알아야 합니다.

⑥ 잘못된 인과 관계의 오류

어떤 사건의 원인이라고 하기에는 근거가 부족한 것을 그 사건의 실제적인 원인이라고 하면서 주장을 이끌어내는 오류

예) 버스 정류장에 도착하자마자 버스를 타는 날은 운이 좋은 날이므로 복권을 사면 좋다.

⑦ 원천 봉쇄의 오류

반론의 가능성을 원천적으로 차단하여 자신의 주장이 옳다고 하는 오류

예) 이 문제에 대해 반대를 하는 사람들은 이 문제의 중요성을 이해하지 못하는 사람들밖에 없다.

⑧ 흑백 논리의 오류

어떤 상황에 대해 다른 가능성을 고려하지 않고 단지 두 가지로만 나누어서 이해하려는 오류.

예) 세상은 이 사안에 대해 찬성하는 사람과 반대하는 사람으로 나눌 수 있다.

⑨ 허수아비 오류

논쟁의 상대가 주장하는 것이 아닌 다른 것을 논쟁의 상대가 말한 것이라고 하면서 그 주장을 공격하는 오류.

예) 인권의 존재를 증명할 수 없다고 말하는 것은 곧 인권을 유린해도 된다고 주장하는 것이다. 이것은 말도 안 되는 주장이다.

⑩ 무지에의 호소 오류

전제가 잘못되었다는 것을 증명할 증거가 없다는 이유로 그 주장이 참이라고 주장하는 오류. 또는 전제가 참이라는 것을 증명할 증거가 없다는 이유로 그 주장이 거짓이라고 주장하는 오류.

예) 이 사안이 틀렸다는 것을 증명할 근거가 없으므로 이 사안은 맞다.

5) 자료조사 및 토론 개요서 작성

① 자료조사

토론의 논제가 정해지면 의미 있는 토론이 되기 위해 좋은 자료를 찾아야 한다. 좋은 자료라는 말은 토론에서 합리적인 근거로 활용할 수 있는 자료이다. 자료를 수집할 때 인터넷의 포털 사이트에서 찾는 방법과 학교 도서관의 홈페이지에서 찾는 방법이 있다.

인터넷은 자료를 수집할 때 가장 많이 활용되는 매체인데, 한 가지 유의할 점은 깊이 있는 자료를 찾기 위한 일차적인 방법 정도로 활용하면 좋다는 것이다. 인터넷의 자료는 있던 자료가 어느 순간 삭제되어 사라질 수도 있으며, 개인이 올려놓은 자료들 중에는 신뢰할 만한 자료로 보기에는 어려운 것이 포함되어 있을 가능성이 있기 때문이다.

학교 도서관의 홈페이지를 활용하면 문헌자료와 전자자료를 함께 검색할 수 있다는 장점이 있다. 검색어의 범위를 좁혀 구체적으로 만들어 찾으면 토론에 도움받을 수 있는 좋은 자료들을 충분히 찾을 수 있으므로 자주 활용하는 것이 좋다. 그리고 학교 도서관에서 찾은 자료들은 정보의 신뢰도 면에서도 걱정하지 않고 이용할 수 있다는 장점이 있다.

검색한 자료를 읽고 토론에 활용할 수 있도록 자료를 정리할 때는 필요한 문장이나 통계자료, 사례 등을 정확하게 자신의 자료에 옮겨 놓은 후 그 자료의 출처도 함께 적어놓아야 한다.

② 토론 개요서 작성

토론 개요서는 토론을 짜임새 있고 전략적으로 하기 위해 작성한다. 글을 쓸 때 개요서를 작성하면 글을 효율적으로 쓸 수 있는 것처럼 토론 개요서도 토론을 할 때 예상되는 논점들을 빼놓지 않고 이야기하기 위해 미리 구체적인 내용을 정리해보는 것이 좋다.

토론 개요서는 논제에 대해 찬성이나 반대 어느 한쪽의 논점만을 적지 않고 찬성과 반대 입장에서 각각 논제를 종합적으로 정리하는 것이다. 그러므로 상대의 입장에 대해서도 이해할 수 있으며, 상대의 전략을 예측하며 대비할 수도 있다.

토론 개요서에는 논제에 대한 찬성과 반대 입장의 입론과 반론의 핵심 개념과 논점, 논거 등을 정리한다. 토론 개요서를 충실하게 작성하면 실제 토론에서도 효율적으로 토론을 전개할 수 있다.

[토론 개요서의 일반적인 형식]

논제:

	찬성 팀	반대 팀
입론	1. 논점 주장 2. 논거와 근거 자료	1. 논점 주장 2. 논거와 근거 자료
반론	3. 상대 팀 입론에 대한 반론 4. 상대 팀 반론에 대한 우리 팀의 대책	3. 상대 팀 입론에 대한 반론 4. 상대 팀 반론에 대한 우리 팀의 대책

3. 토론의 실제

1) 입론(발제)

 입론은 논제에 대한 자기 팀의 기본 입장을 펼치는 과정이다. 논제에 대해 자기 팀의 생각을 말한다는 뜻으로 '발제'라고도 한다. 입론에서는 그 토론을 하는 의미와 중요성을 설명하여 토론자와 청중이 해당 논제에 대한 토론의 필요성을 공유하는 과정이기도 하다.
 입론 과정에서는 논제에 대한 사회적 배경을 설명하고, 토론에서 주요하게 언급할 핵심 용어나 개념을 정의하는 것이 필요하다. 그리고 해당 논제에 대해 주요한 논점을 세 개 이내로 정리하여 제시하는 것이 좋다.

2) 교차조사(교차 질문, 확인 질문, 상호 질문)

교차조사는 교차 질문, 확인 질문, 상호 질문이라고도 하는데, 입론 단계에서 상대 팀이 말한 내용을 확인하는 과정이다.

교차조사는 상대 팀이 말한 내용에 대해서만 질문해야 하며, 상대 팀의 논점을 뒷받침하는 논거의 타당성에 대해 질문하는 것이 좋다. 단순히 상대 팀의 발언 내용을 확인하기 위해서 질문하는 것은 피해야 한다.

3) 반론

반론은 토론에서 가장 핵심적인 단계이다. 상대 팀 주장의 모순이나 허점을 지적하고, 그것이 왜 잘못되었는지 또는 어떤 면에서 오류가 있는지를 밝히는 과정이 반론에 해당한다.

반론을 할 때는 상대 팀의 모든 논점을 반박하는 것보다 상대 팀의 핵심 논점을 집중적으로 비판하는 것이 좋다. 그리고 반론 과정에서는 토론이 격해져 토론자들의 감정이 격해질 수도 있으므로 감정을 잘 조절하여 토론을 진행해야 한다.

4) 최종 발언(마무리 발언)

최종 발언은 마무리 발언이라고도 하는데, 토론의 내용을 간략하게 정리하고 논제에 대한 자기 팀의 입장을 다시 선명하게 부각시키는 단계이다. 그러므로 인상적인 마무리가 되도록 논제와 관련된 비유나 일화를 들어 강렬한 인상을 남기는 것으로 최종 발언을 하는 것도 좋은 방법이다.

5) 청중 질문

청중의 질문은 토론에 대한 청중의 참여도를 높일 수 있는데, 토론의 유형에 따라 청중의 질문 과정을 남겨 두거나 생략하기도 한다.

6) 토론의 평가

토론의 유형에 따라 토론의 승패를 가리는 경우가 있다. 토론의 승패를 가리는 경우에는 그 자체가 토론 과정에서 동기부여의 역할을 할 수 있다. 그러나 단순히 승패를 가리는 것만을 목적으로 하는 것보다 토론을 준비하는 과정에서부터 토론을 마무리하는 단계까지를 교육의 과정으로 생각한다면, 토론의 평가가 일회성의 승패가 아닌 다음 토론을 위한 내실 있는 준비를 할 수 있는 계기로 작용할 것이다.

토론 평가는 자기 평가, 동료 평가, 교수 평가로 나눌 수 있다. 자기 평가와 함께 객관적인 동료 평가와 교수 평가의 결과를 참고로 자신과 자기 팀의 토론 내용을 성찰하는 기회로 삼아야 할 것이다.

토론 평가는 토론 과정 전체에 대해 항목별로 평가할 수도 있고, 토론의 단계별로 팀별 평가를 할 수도 있다. 토론의 성격에 맞게 적절한 평가 방식을 선택하면 된다.

7) 교육토론과 자유토론

토론은 교육토론과 자유토론으로 구분하기도 하는데, 일반적으로 교육토론은 '~~토론 대회' 식의 명칭으로 승패를 나누어 상을 주는 방식의 토론이고, 자유토론은 흔히 TV 토론 방식에서 볼 수 있는 유형이다. 두 토론은 다음과 같은 특징이 있다.

	교육토론	자유토론
논제	명제형 논제 예) 고령화 사회 대책은 연금 개혁으로 부족하다.	의문형 논제 예) 고령화 사회 대책, 어떤 방법이 효과적인가?
사회자	사회자가 없는 것이 원칙	사회자가 있다.
토론자	찬성, 반대의 입장이 대립한다. 중간에 찬성, 반대의 입장이 바뀌면 안 된다.	반드시 찬반으로 나뉘지 않아도 된다. 중간에 입장이 바뀔 수도 있다.
형식	규칙과 형식이 엄격하고, 이를 지키지 않으면 감점된다.	규칙과 형식이 엄격하지 않다.
승패	승패를 분명하게 나눈다.	승패를 가리지 않는다.

[토론 평가표 1]

논제:

평가 팀:

	평가항목 및 점수	점수
준비성	논제와 관련된 자료 및 사례 조사가 적절한가?	1-2-3-4-5
논리성	논점에 대한 근거 제시가 합리적인가?	1-2-3-4-5
전달력	원고를 보지 않고 적절한 속도로 토론을 하는가?	1-2-3-4-5
설득력	상대의 논점을 설득력 있게 반박하는가?	1-2-3-4-5
태도	발언시간과 토론의 규칙을 준수하는가? 상대를 존중하면서 토론하는가?	1-2-3-4-5

[토론 평가표 2]

논제:

토론자: 찬 성 팀 -

　　　　반 대 팀 -

	평가 기준	찬성 팀 점수	반대 팀 점수
입론	토론의 논제를 잘 이해했는가? 논점이 참신한가? 논거가 적절한가?	1-2-3-4-5	1-2-3-4-5
확인 질문	토론의 쟁점을 명확하게 파악하고 질문하는가? 상대 팀의 논리적 모순을 지적하는가?	1-2-3-4-5	1-2-3-4-5
반론	상대 팀의 논리적 허점을 지적하는가? 반론의 논거가 타당한가?	1-2-3-4-5	1-2-3-4-5
최종 발언	토론의 핵심 쟁점을 잘 정리하는가? 자기 팀의 최종 입장을 명확하게 전달하는가?	1-2-3-4-5	1-2-3-4-5
공통 항목	토론의 규칙을 잘 지키는가? 상대의 말을 경청하는가?	1-2-3-4-5	1-2-3-4-5

4. 토론 참여자의 역할

1) 사회자의 역할

토론에서 사회자의 역할은 여섯 가지로 나누어 볼 수 있다.

첫째, 사회자는 논제에 대해 미리 자료를 수집하여 충분히 검토해서 논제의 핵심 내용을 파악하고 있어야 한다. 사회자가 논제에 대한 전문가일 필요는 없지만 논제에 대해 정확하게 파악하고 있지 못하면 토론의 흐름을 잘 이끌어갈 수 없기 때문이다.

둘째, 사회자는 공정하고 객관적이어야 한다. 찬성 팀이나 반대 팀 어느 팀에도 치우치지 않는 중립적인 입장을 견지해야 한다. 논제에 대해서도 사회자가 평소에 가지고 있던 생각이 있더라도 사회자 자신의 입장이 드러나도록 하지 않아야 한다.

셋째, 토론의 논제나 쟁점을 설명해주고 토론이 진행되면 토론자들의 발언이 다른 방향으로 벗어나지 않도록 유도한다. 토론을 시작할 때 특정한 논제로 토론을 하는 이유와 중요성을 청중에게 설명해주고, 토론자들이 토론을 하면서 논점에서 벗어나는 경우 다시 논제로 돌아갈 수 있도록 유도해야 한다.

넷째, 청중이 토론을 잘 이해할 수 있도록 토론의 진행 과정에서 필요할 때 내용을 잘 요약해주어야 한다. 청중이 토론의 내용을 이해하기 어렵다고 판단될 때나 한 가지 쟁점에서 다른 쟁점으로 넘어갈 때 토론 내용을 요약 정리해주는 것도 사회자의 역할이다.

다섯째, 사회자는 토론의 분위기를 조절하는 역할을 한다. 토론이 과열될 때는 분위기를 누그러뜨리는 역할을 해야 하고, 토론이 느슨해지고 활발히 이루어지지 않는 경우에는 토론이 활성화되도록 유도하는 것도 사회자의 역할이다.

여섯째, 사회자는 토론의 전 과정을 책임지는 역할을 한다. 그러므로 토론자들에게 발언의 기회를 공정하게 배분하고, 어느 특정한 토론자의 발언 시간이 길어질 경우에는 발언을 빨리 마무리하도록 유도하며, 발언 기회가 적은 토론자에게는 우선적으로 발언 기회를 주기도 한다.

2) 토론자의 역할

토론자는 토론이 의미 있는 좋은 토론이 되도록 하는 실질적인 역할을 하는데, 구체적인 토론자의 역할은 다음과 같다.

첫째, 토론자는 논제에 대해 정확하게 파악하고 있어야 한다. 토론자는 미리 논제에 대해서 자료 조사를 충분하게 하고 자료를 검토하는 과정을 통해 논제에 대해 깊이 있게 이해해야 한다.

자료를 조사할 때는 논제에 대한 찬성이나 반대 어느 한쪽만을 조사하는 것이 아니라 찬성과 반대 입장 모두를 조사하고 검토해야 한다.

둘째, 토론자는 토론의 규칙을 잘 알고 있어야 하고, 그 규칙을 잘 지키면서 토론을 해야 한다. 정해진 발언의 순서나 발언 시간을 지켜서 토론이 원활하게 진행되도록 협력해야 한다. 또한 자신의 발언 순서가 아닐 때는 상대의 발언을 경청해야 하고, 상대의 발언 중간에 끼어들지 않아야 한다.

셋째, 토론자는 예의 바른 태도로 토론에 참여해야 한다. 상대가 발언을 할 때 경청하는 것은 토론자가 기본적으로 갖추어야 하는 태도이다. 그것 이외에도 상대의 발언 내용 중에서 마음에 들지 않는 점이 있다고 하더라도 얼굴 표정이나 몸짓으로 부정적인 표현을 하는 것은 좋지 않다. 상대의 발언을 조용히 들으면서 반박할 내용을 메모하는 것이 좋다.

3) 청중의 역할

사회자나 토론자처럼 청중이 토론에 활발하게 참여하지는 않지만 토론에서 청중의 역할도 빼놓을 수 없이 없다.

첫째, 청중은 중립적인 입장에서 토론을 지켜보아야 한다. 청중이 논제에 대해 미리 정해진 자신의 입장이 있더라도 자신의 생각을 고집하는 것보다는 열린 마음으로 토론을 지켜보아야 한다. 그리고 청중은 객관적이고 중립적인 입장에서 토론자들의 주장이 합리적인지, 논거는 적절한지를 판단해야 한다.

둘째, 청중은 토론자들이 토론에 집중하도록 조용한 분위기를 유지해야 한다. 토론이 진행되는 동안 청중이 옆 사람과 잡담을 하거나 분위기를 산만하게 만들면 토론자들이 토론에 집중하는 데 방해가 될 수 있다.

셋째, 토론 내용을 메모하면서 듣고 궁금한 점은 질의응답 시간을 활용한다. 토론을 메모하면서 듣는다면 토론이 끝난 이후에도 입론, 교차 질문, 반박, 최종 발언의 내용을 일목요연하게 파악할 수 있다. 그리고 질문을 할 경우에도 논점에서 벗어나지 않는 질문을 할 수 있다.

참고문헌

강치원, 『토론의 힘』, 느낌이 있는 책, 2013.
교재편찬위원회 편, 『열린 생각과 말하기』, 부산대학교 출판부, 2005.
군산대학교 국어국문학과 교재편찬위원회, 『대학인을 위한 말하기와 글쓰기』, 한국문화사, 2009.
권재환 외 5인, 『논리적 말하기』, 공동체, 2016.
김복순, 『Debate의 전략』, 보고사, 2012.
김복순, 『발표와 토의』, 보고사, 2011.
남정희 외 4인, 『발표와 토론』, 주민출판사, 2021.
리웨이원(김락준 옮김), 『하버드 말하기 수업』, 가나출판사, 2015.
민병곤 외 5인, 『고등학교 화법과 작문』, 미래엔, 2022.
박영목 외 5인, 『고등학교 화법과 작문』, 천재교육, 2020.
박영민 외 5인, 『고등학교 화법과 작문』, 비상교육, 2022.
박준호 외 7인, 『사고와 토론』, 전북대학교출판문화원, 2016.
부경복, 『손석희가 말하는 법』, 모멘텀, 2014.
손춘섭·이윤애, 『삶을 바꾸는 말하기』, 역락, 2013.
송재일 외 4인, 『대학생을 위한 발표와 토론』, 박이정, 2018.
숙명여자대학교 기초교양학부, 비판적 사고와 토론, 역락, 2020.

숙명여자대학교 의사소통능력개발센터, 『발표와 토론』, 숙명여자대학교 출판국, 2008.

유정아, 『유정아의 서울대 말하기 강의』, 문학동네, 2009.

이금희, 『우리, 편하게 말해요』, 웅진, 2022.

이규희, 『당신은 일을 못하는 게 아니라 말을 못하는 겁니다』, 서사원, 2022.

이도영 외 7인, 『고등학교 화법과 작문』, 창비, 2022.

이동욱 외 3인, 『발표와 토론』, 역락, 2020.

이삼형 외 5인, 『고등학교 화법과 작문』, 지학사, 2022.

임칠성 외 3인, 『말꽝에서 말짱되기』, 태학사, 2004.

존 그레이(김경숙 옮김), 『화성에서 온 남자, 금성에서 온 여자』, 동녘라이프, 2021.

최미숙 외 7인, 『국어교육의 이해』, 사회평론, 2011.

최형용·김수현·조경하, 『열린 세상을 향한 발표와 토론』, 박이정, 2009.

카톨릭대학교 교양교육원, 『문제해결과 의사소통』, 카톨릭대학교 출판부, 2007.

하치근·구현옥, 『성공적인 듣기·말하기』, 동아대학교출판부, 2011.